JN098336

HSK5級

読む聴く覚える1300

田芳・安明姫 著

〔音声ダウンロード方式〕
〔チェックシート付き〕

東方書店

前書き

　本書は全部で 56 篇の文章から成り、それぞれの文章に HSK5 級要綱の新出語彙（計 1300 語）を組み入れています。1 日目から 14 日目までは 2 篇の短文より構成され、15 日目からは 1 篇の独立した長文となっています。内容は HSK5 級の聴力試験でよく出題される物語類（ユーモア・哲理・生活物語）および非物語類（議論・説明・広告、通知・放送、スピーチ）を主としています。短文を 2 篇、あるいは長文を 1 篇、毎日聴き、熟読することで 1 か月半で HSK5 級の新出語彙を身に付けることができ、合わせて聴力のレベルも高めることができます。言わば一石二鳥です。

　HSK 受験において、語彙は試験の結果を左右するかぎであると言えます。しかし、単語を暗記する過程は、単調で面白みに欠けるだけでなく、効果が上がらず、根気よく続けるのは困難です。本書の最大の特徴は、HSK5 級要綱のすべての新出語彙を 56 篇のオリジナルの文章に組み入れたことで、学習者が文脈なしの単語や短い文を丸暗記する苦しさから逃れ、語彙の習得と同時に聴力の向上も図れるようにしたことです。

　文章の難易度と内容は、いずれも HSK5 級試験と極力近いものに設定しています。学習者が語彙を覚えるとともに HSK5 級の聴力問題の形式を把握し、胸に成算をもって試験に臨めるようにすることをねらいとしています。

　本書の内容は、やさしいものから難しいものへ、一歩一歩記憶を定着させ、HSK5 級要綱の語彙が身に付くようになっていますが、HSK5 級受験者のみならず、聴力、閲読のレベルを高めたいあらゆる学習者に適しています。すでに出版した『HSK6 級　読む聴く覚える 2500』と合わせて使用することをお薦めします。

　本書の出版に当たり、東方書店の家本様より多大なご支援とご協力をいただきました。心より深く感謝申し上げます。

　本書と出会う皆様が、しっかり学習し成果を収め、願いがかなえられることを祈っております。

2022 年盛夏

田芳 安明姫

本書の使い方

　各文章は4つの部分から構成されています。

　第1ページ［STEP1］にはこの文章でマスターすべき語彙（30個程度）のピンインと日本語訳を表示しました。音声を聞きながら、発音と意味を確認しましょう。

　第2ページ［STEP2］はマスターすべき語彙が空欄になっており、書く作業を繰り返すことによって、深く印象づけられ、しっかり覚えられるようになっています。本文の音声を聞きながらマスターすべき語彙を書き取って確認することもできます。

　第3ページは［STEP3］です。マスターすべき語彙は赤字で印刷されており、チェックシートを使って聴力練習ができます。チェックシートをはずして音声を聞き、聞きとった内容と文章が一致しているかも確認してみましょう。第4ページは日本語訳です。

　3つのステップで繰り返し語彙を学ぶことで自然に5級の語彙をマスターし、聴力も高めることができます。

　学習にあたっては、1日目から14日目はできる限り1日2篇の短文を聞くこと、15日目から42日目までは1日1篇の長文を聞くことを心がけてください。毎日続けるほうが語彙は覚えやすくなります。中断せずにしっかりHSK5級の語彙を身に付けましょう。

目　次

音声について

⬤▬⬤ 部分（STEP1、STEP3）の音声（MP3 形式）を東方書店ホームページからダウンロードできます。

① https://www.toho-shoten.co.jp/jbook/download.html にアクセス
（トップページから「音声ダウンロード」をクリックしてもアクセスできます）

②『HSK5 級　読む聴く覚える 1300』の GO DOWNLOAD をクリック

③ 外部サイト（https://ebook-viewer.jp/）へ移動しますので、
　ダウンロードキー　3141527591　を
　入力して OK をクリックしてください

④「クリックでダウンロード開始」をクリックすると、
　音声データ（MP3 形式）を ZIP 形式でダウンロードします
　解凍して音楽再生ソフトなどに 取り込んでご利用ください

＊ ZIP 形式につき、スマートフォンやタブレット端末でダウンロードするには、
　解凍ソフトが必要です。

HSK5級
読む聴く覚える
1300

买酒　酒を買う　　什么症状?　どんな症状?

[STEP 1] 今日習得すべき単語を、聞き取れるまで繰り返し聞いてください。

买酒 `001`

从前 cóngqián
（名）以前、昔

始终 shǐzhōng
（副）一貫して、
始めから終わりまで

依然 yīrán
（副）依然として、
相変わらず

寻找 xúnzhǎo
（動）探す

唯一 wéiyī
（形）唯一の

急忙 jímáng
（副）慌ただしく

竹子 zhúzi
（名）竹

踩 cǎi
（動）踏む

石头 shítou
（名）石

摔倒 shuāidǎo
（動）転んで倒れる

手指 shǒuzhǐ
（名）手の指

碎 suì
（形）粉々である、
ばらばらである

傻 shǎ
（形）頭が悪い、
愚かである

受伤 shòushāng
（動）負傷する

血 xiě
（名）血

什么症状? `002`

匆忙 cōngmáng
（形）あわただしい

丝毫 sīháo
（形）ごくわずかの、
少しの

痛苦 tòngkǔ
（形）ひどく苦しい、
つらい

内科 nèikē
（名）内科

属于 shǔyú
（動）…に属する

似乎 sìhū
（副）…のようである

特殊 tèshū
（形）特殊である、
特別である

无奈 wúnài
（動）どうすることも
できない

实话 shíhuà
（名）本当の話、
正直な話

姑娘 gūniang
（名）未婚の女性、
女の子

脑袋 nǎodai
（名）頭

失眠 shīmián
（動）眠れない、
不眠

推荐 tuījiàn
（動）推薦する

买酒

_____, 有一对夫妇住在山里, 丈夫非常喜欢喝酒, 可是他的收入不高, 为了省钱, 妻子平时不让他喝酒。有一天, 家里来了客人, 妻子对丈夫说:"今天我做了一桌好菜, 你去买瓶酒回来吧, 天冷, 大家喝点儿酒暖和暖和身子。"

丈夫一听, 高兴地跑着去买酒了, 谁知道一直等到第二天早上, 他_____没有回家, 妻子左等右等, _____等不回丈夫, 只好出门去_____。

在去商店的_____一条路上, 妻子远远看到丈夫坐在路边, _____上去问他:"你怎么了?"

丈夫回答:"山路不好走, 路边又长满了_____, 天黑看不见, 不小心_____到了一块_____, _____了, _____一松, 酒瓶也掉下去摔_____了。"

妻子听了很生气, 说:"你被摔_____了吗? 又没_____, 又没出_____, 怎么不回家?"

丈夫回答说:"我在等酒结成冰, 这样就能把它拿回家了。"

什么症状?

一个小伙子_____地走进一家医院看病, 医生上上下下看了他半天, 没看出来他有_____ _____的样子, 就问:"这里是_____, 你哪儿不舒服?"小伙子回答:"我也不知道自己的病_____哪个科, 我_____得了失忆症, 常常突然发病。"医生问:"有什么_____症状?"小伙子出于_____, 回答:"跟您_____实说, 我一看到漂亮_____就忘记自己已经结婚了, _____里想的都是这个姑娘, 有时会_____, 一晚上都睡不着觉。"

医生听完小伙子的话, 笑了笑说:"我给你_____一家别的医院吧, 你的病我也治不好, 因为我也得了和你一样的病。"

[STEP 3] 本文を聞いてください。

❶ 赤いシートを当てて、本文を見ながら聞き、見えない箇所の単語をチェックしてください。
❷ 赤いシートを外して、本文を見ながら聞き、聞き取った単語が合っているか、確認してください。
❸ 本文を見ないで聞き、全体の意味が把握できるか確認してください。

买酒 **003**

　　从前，有一对夫妇住在山里，丈夫非常喜欢喝酒，可是他的收入不高，为了省钱，妻子平时不让他喝酒。有一天，家里来了客人，妻子对丈夫说："今天我做了一桌好菜，你去买瓶酒回来吧，天冷，大家喝点儿酒暖和暖和身子。"

　　丈夫一听，高兴地跑着去买酒了，谁知道一直等到第二天早上，他始终没有回家，妻子左等右等，依然等不回丈夫，只好出门去寻找。

　　在去商店的唯一一条路上，妻子远远看到丈夫坐在路边，急忙上去问他："你怎么了？"

　　丈夫回答："山路不好走，路边又长满了竹子，天黑看不见，不小心踩到了一块石头，摔倒了，手指一松，酒瓶也掉下去摔碎了。"

　　妻子听了很生气，说："你被摔傻了吗？又没受伤，又没出血，怎么不回家？"

　　丈夫回答说："我在等酒结成冰，这样就能把它拿回家了。"

什么症状？ **004**

　　一个小伙子匆忙地走进一家医院看病，医生上上下下看了他半天，没看出来他有丝毫痛苦的样子，就问："这里是内科，你哪儿不舒服？"小伙子回答："我也不知道自己的病属于哪个科，我似乎得了失忆症，常常突然发病。"医生问："有什么特殊症状？"小伙子出于无奈，回答："跟您实话实说，我一看到漂亮姑娘就忘记自己已经结婚了，脑袋里想的都是这个姑娘，有时会失眠，一晚上都睡不着觉。"

　　医生听完小伙子的话，笑了笑说："我给你推荐一家别的医院吧，你的病我也治不好，因为我也得了和你一样的病。"

酒を買う

　昔、一組の夫婦が山に住んでいた。夫は酒が大好きだったが、彼の収入は多くなかった。妻は節約のために、普段は夫に酒を飲ませないようにしていた。ある日、家に客が来た。妻は夫に「今日はごちそうを用意したから、あなた、お酒を買ってきてください。寒いからみんなでお酒を飲んで体を温めましょう」と言った。

　夫はそれを聞くと、嬉しそうに走って酒を買いに出かけて行った。ところが、なんとそれからずっと翌日の朝まで待っても夫はとうとう家に帰ってこなかった。妻は今か今かと、相変わらず帰って来ない夫を待っていたが、やむなく探しに出ることにした。

　妻は、店に通じるただ一本の道のずっと向こうに、夫が道端に座りこんでいるのを見つけると、急いで駆け寄って「どうしたの?」と聞いた。

　すると、夫は言った。「山道は歩きにくく、道端には竹がたくさん生えていて、日が暮れ道が見えなくなり、うっかり石を踏んで転んでしまった。手をすべらせて酒の瓶も落とし、粉々に割れてしまったんだ」と。

　妻はそれを聞くとすっかり腹を立てて「あなたは転んで頭がおかしくなったの。怪我もしてないし、血も出ていないのにどうして家に帰らないの?」と言った。

　夫は「俺はここで酒が凍るのを待っていたんだ。凍ったら家に持って帰れるからな」と答えた。

どんな症状?

　一人の若者が慌ただしく病院に入って来て診察を受けた。医者は上から下までしばらく診察したが、少しも苦しそうな症状があるとは思えなかった。そこで「ここは内科ですが、どこが具合が悪いのですか」と聞いた。若者は「私も自分の病気がどの科になるのかわからないのです。私はどうも記憶喪失症にかかったようで、いつも急に発病するんです」と答えた。医者は「何か特別な症状がありますか」と聞いた。若者はしかたなく「実を言いますと、私はきれいな女性を見るとたちまち自分が既に結婚していることを忘れてしまいます。頭の中で考えることはその女性のことばかりで時には不眠症になり、一晩中一睡もできないこともあります」と答えた。

　医者は若者の話を聞くと、笑いながら「あなたに別の病院をお薦めしましょう。あなたの病気は私にも治せません。なぜかと言うと、私もあなたと同じ病気にかかったからです」と言った。

到底是几个月？ いったい何か月なの
浪费了我的布 私の服地を無駄にした

[STEP 1] 今日習得すべき単語を、聞き取れるまで繰り返し聞いてください。

到底是几个月？ 005

摩托车 mótuōchē
（名）オートバイ

卡车 kǎchē
（名）トラック

撞 zhuàng
（动）衝突する、
ぶつかる

主人 zhǔrén
（名）主人、持ち主

时髦 shímáo
（形）モダンである、
流行の

女士 nǚshì
（名）女性に対する
一般的な敬称、女史

双方 shuāngfāng
（名）双方

询问 xúnwèn
（动）聞く、尋ねる

身份 shēnfèn
（名）身分

学历 xuélì
（名）学歴

本科 běnkē
（名）（大学の）本科

婚姻 hūnyīn
（名）婚姻

状况 zhuàngkuàng
（名）状況

记录 jìlù
（动）記録する

具体 jùtǐ
（形）具体的である

犹豫 yóuyù
（形）ためらっている、
躊躇している

表情 biǎoqíng
（名）表情

语气 yǔqì
（名）話しぶり、
口ぶり

不耐烦 bú nàifán
うるさがる、
面倒がる、いやがる

绕 rào
（动）ぐるぐる回る、
回る

圈 quān
（名）輪

重复 chóngfù
（动）（同じ行為を）
繰り返す

一再 yízài
（副）何度も

浪费了我的布 006

布 bù
（名）布

服装 fúzhuāng
（名）服装

嗓子 sǎngzi
（名）のど

喊 hǎn
（动）叫ぶ

设计 shèjì
（动）設計する、
デザインする

骂 mà
（动）ののしる、
しかる

小气 xiǎoqi
（形）けちくさい

形象 xíngxiàng
（名/形）イメージ/
（表現や描写が）
生き生きとしている

宁可 nìngkě
（副）むしろ…しても

胡说 húshuō
（动）でたらめを言う

信任 xìnrèn
（动）信用して任せる、
信頼する

确定 quèdìng
（动）確定する、
はっきり決める

拍 pāi
（动）たたく

哈 hā
（叹）得意なさま、驚
くさま、満足なさまを
表す

行人 xíngrén
（名）通行人

居然 jūrán
（副）意外にも、思い
がけなくも、なんと

到底是几个月？

一辆_____和一辆_____在公路上相_____，摩托车的_____是一位打扮_____的_____。

警察很快就赶到了现场，看到撞车的_____都没有受伤以后，开始_____当事人。警察先问骑摩托车的女士："_____?"女士答："公司职员。"问："_____?"答："_____毕业。"问："_____ _____?"答："已婚。"警察把这些问答一一_____下来后，又问了一个问题："年龄?"答："29岁零几个月。"

警察说："请您说_____一点儿，到底是几个月呢?"女士露出_____的_____，说："就是几个月嘛。"警察的_____开始有点儿_____了："这位女士，请您直接回答问题，不要_____ _____，我再_____问一遍，到底是几个月?"在警察的_____追问下，女士小声答道："34个月。"

浪费了我的_____

一个人怒气冲冲走进了定制衣服的_____店，对店员扯着_____ _____："_____师呢?你叫他出来，我得好好_____骂他。"店员说："对不起，现在是午休时间，设计师出去吃午饭了，发生了什么事?"满脸怒气的人回答说："我不是个_____的人，只要能给我做出提高_____的衣服，花多少钱我都愿意。可你们店的设计师设计的衣服是什么玩意儿啊，浪费了我的布!我以后_____没衣服穿，也不会再来你们店。"

店员说："您可不要_____啊，会影响我们店的声誉。我们的设计师非常有才能，我们都很_____他。您_____他设计的衣服不好吗?"满脸怒气的人_____着桌子说："_____!笑话!他有才能?我昨天穿着他设计的衣服在街角等人，打哈欠的时候，有两个_____ _____把信塞进了我的嘴里。"

❶ 赤いシートを当てて、本文を見ながら聞き、見えない箇所の単語をチェックしてください。
❷ 赤いシートを外して、本文を見ながら聞き、聞き取った単語が合っているか、確認してください。
❸ 本文を見ないで聞き、全体の意味が把握できるか確認してください。

到底是几个月？ **007**

　　一辆摩托车和一辆卡车在公路上相撞，摩托车的主人是一位打扮时髦的女士。

　　警察很快就赶到了现场，看到撞车的双方都没有受伤以后，开始询问当事人。警察先问骑摩托车的女士："身份？"女士答："公司职员。"问："学历？"答："本科毕业。"问："婚姻状况？"答："已婚。"警察把这些问答一一记录下来后，又问了一个问题："年龄？"答："29岁零几个月。"

　　警察说："请您说具体一点儿，到底是几个月呢？"女士露出犹豫的表情，说："就是几个月嘛。"警察的语气开始有点儿不耐烦了："这位女士，请您直接回答问题，不要绕圈，我再重复问一遍，到底是几个月？"在警察的一再追问下，女士小声答道："34个月。"

浪费了我的布 **008**

　　一个人怒气冲冲走进了定制衣服的服装店，对店员扯着嗓子喊："设计师呢？你叫他出来，我得好好骂他。"店员说："对不起，现在是午休时间，设计师出去吃午饭了，发生了什么事？"满脸怒气的人回答说："我不是个小气的人，只要能给我做出提高形象的衣服，花多少钱我都愿意。可你们店的设计师设计的衣服是什么玩意儿啊，浪费了我的布！我以后宁可没衣服穿，也不会再来你们店。"

　　店员说："您可不要胡说啊，会影响我们店的声誉。我们的设计师非常有才能，我们都很信任他。您确定他设计的衣服不好吗？"满脸怒气的人拍着桌子说："哈！笑话！他有才能？我昨天穿着他设计的衣服在街角等人，打哈欠的时候，有两个行人居然把信塞进了我的嘴里。"

いったい何か月なの

オートバイとトラックが道路で衝突した。オートバイの持ち主はモダンな身なりの女性だった。

警官は急いで現場に駆けつけ、衝突した双方とも怪我をしていないことを確かめると、当事者に尋問し始めた。警官はまずオートバイに乗っていた女性に「身分は?」と尋ねた。女性は「会社員です」と答えた。「学歴は?」、「大学の本科卒業です」。「婚姻は?」、「既婚です」。警官はこれらの問答を一つ一つ記録してからもう一つ質問した。「年齢は?」、「29 歳数か月です」と答えた。

警官は「もう少しはっきり言ってください。いったい何か月なんですか」と言った。女性は躊躇しながら、「とにかく数か月ですよ」と言った。警察は少し面倒だという口振りで「すみません、回りくどい言い方はしないで率直に質問に答えてください。もう一度繰り返しお聞きしますが、結局何か月なんですか」警官の再三の追及に女性は小さい声で「34 か月です」と答えた。

私の服地を無駄にした

ある人がかんかんに怒って注文服を仕立てる洋服店に駆けこむと、店員に向かって大声を張り上げた。「デザイナーは? 彼を呼び出してくれ。彼にしっかり苦情を言わなければならないから」。店員は「申し訳ありません。今は昼休みの時間で、デザイナーは昼食を食べに出かけています。何かございましたか」と聞いた。その人はたいへんな剣幕で「けちな事を言うつもりはない。イメージアップする服を作ってくれさえすれば金をいくら払ってもかまわない。だけどこの店のデザイナーがデザインした服はひどい代物なんだよ。私の服地を無駄にしてしまったじゃないか! 着る服がなくても今後この店にはもう来ないよ」と言った。

店員は「いいかげんなことをおっしゃっては困ります。当店の名誉にかかわりますので。うちのデザイナーは非常に才能があり、私達は皆彼を信頼しております。彼がデザインした服がよくないとはっきり言えるのですか」と言った。その人は怒って机をバンと叩き、「はっ! 冗談じゃない! 彼に才能あるなんて。昨日彼がデザインした服を着て街角で人を待っていてあくびをしたら、なんと通行人が二人私の口に手紙を差し込んでいったんだよ」と言った。

找手表　腕時計を探す　喂牛　牛に餌をやる

[STEP 1] 今日習得すべき単語を、聞き取れるまで繰り返し聞いてください。

找手表 `009`

卧室 wòshì
（名）寝室

摇 yáo
（动）揺れ動く、
振り回す

经典 jīngdiǎn
（形）典型的な、
代表的な、定番の

颗 kē
（量）（多くは）粒状
のものを数える

舍不得 shěbudé
（动）使うこと・捨て
ることを惜しむ

婚礼 hūnlǐ
（名）結婚式

消失 xiāoshī
（动）消失する、
なくなる

整个 zhěnggè
（形）全部の、全体の

简直 jiǎnzhí
（副）まるで、まったく

随手 suíshǒu
（副）ついでに

要不 yàobù
（连）なんなら、
あるいは

或许 huòxǔ
（副）あるいは、
もしかすると

尽快 jìnkuài
（副）なるべく早く、
できるだけ早く

眉毛 méimao
（名）眉、眉毛

多亏 duōkuī
（动）…のおかげで
（ある）

后背 hòubèi
（名）背中

书架 shūjià
（名）本棚

假如 jiǎrú
（连）もしも…なら、
仮に…とすれば

戒 jiè
（动）断つ、やめる

喂牛 `010`

农村 nóngcūn
（名）農村

农民 nóngmín
（名）農民

干活儿 gànhuór
（动）仕事をする、働く

叉子 chāzi
（名）フォーク

顶 dǐng
（量／名）帽子やテン
トなどのようにてっぺ
んのあるものを数える
／てっぺん

伸 shēn
（动）伸ばす

脖子 bózi
（名）首

嫩 nèn
（形）柔らかい

不见得 bújiàndé
（副）…とは思えな
い、…とは限らない

补充 bǔchōng
（动）補充する、
補足する

迫切 pòqiè
（形）差し迫っている、
切実である

满足 mǎnzú
（动）満足する

促使 cùshǐ
（动）…するように促す

道理 dàoli
（名）道理

启发 qǐfā
（动）啓発する

未来 wèilái
（名）未来

迟早 chízǎo
（副）遅かれ早かれ、
どっちみち

期待 qīdài
（动）期待する、
待ち望む

幻想 huànxiǎng
（动）空想する、とり
とめのない想像をする

不断 búduàn
（副）絶えず、
絶え間なく

奋斗 fèndòu
（动）奮闘する、
努力する

找手表

　　儿子看见父亲在＿＿＿＿和客厅着急地转圈，还边＿＿＿＿头边叹气。儿子问："爸，你找什么呢？"父亲说："上个月我不是新买了一块＿＿＿＿款的手表吗？就是上面有一＿＿＿＿钻石的那块。一直＿＿＿＿戴。今天想戴着去参加同事的＿＿＿＿，它却＿＿＿＿不见了，＿＿＿＿房间都找了，＿＿＿＿太奇怪了，这么贵重的东西，我也不会＿＿＿＿乱放呀。"儿子说："爸，＿＿＿＿你先去换衣服，＿＿＿＿我能找到。"父亲说："好吧，你要＿＿＿＿找啊。"

　　不一会儿，儿子就找到了手表。父亲吃惊地扬起＿＿＿＿说："儿子，＿＿＿＿了你！怎么找到的？"儿子说："我只是安静地坐着，就听到我＿＿＿＿放着的＿＿＿＿上有表针滴答滴答走动的声音。"

　　＿＿＿＿我们忙着寻找，有时候离想要的东西会越来越远，只有＿＿＿＿掉急躁，才能听见自己内心的声音。

喂牛

　　几个生活在城市的年轻人第一次去＿＿＿＿，看见有个放牛的＿＿＿＿正在＿＿＿＿，他用一个草＿＿＿＿，把喂牛的草挑起来放到一个小土房的房＿＿＿＿上，旁边的牛在＿＿＿＿着＿＿＿＿努力地吃。"为什么不放在地上呢？"年轻人问。农民回答："这些草都不太＿＿＿＿了，如果放到地上，牛＿＿＿＿吃。"农民又＿＿＿＿说："因为吃起来很费力，所以牛＿＿＿＿地想把草吃到嘴里，只要能够到草，牛就很＿＿＿＿了，这样就能＿＿＿＿牛吃掉不太新鲜的草了。"

　　农民的话很有＿＿＿＿，＿＿＿＿了年轻人。如果每个人都提前知道了＿＿＿＿会怎样，＿＿＿＿会觉得一切都没有意思。人只有一直＿＿＿＿和＿＿＿＿，才会＿＿＿＿去＿＿＿＿。

❶ 赤いシートを当てて、本文を見ながら聞き、見えない箇所の単語をチェックしてください。
❷ 赤いシートを外して、本文を見ながら聞き、聞き取った単語が合っているか、確認してください。
❸ 本文を見ないで聞き、全体の意味が把握できるか確認してください。

找手表 011

儿子看见父亲在卧室和客厅着急地转圈，还边摇头边叹气。儿子问："爸，你找什么呢？"父亲说："上个月我不是新买了一块经典款的手表吗？就是上面有一颗钻石的那块。一直舍不得戴。今天想戴着去参加同事的婚礼，它却消失不见了，整个房间都找了，简直太奇怪了，这么贵重的东西，我也不会随手乱放呀。"儿子说："爸，要不你先去换衣服，或许我能找到。"父亲说："好吧，你要尽快找啊。"

不一会儿，儿子就找到了手表。父亲吃惊地扬起眉毛说："儿子，多亏了你！怎么找到的？"儿子说："我只是安静地坐着，就听到我后背放着的书架上有表针滴答滴答走动的声音。"

假如我们忙着寻找，有时候离想要的东西会越来越远，只有戒掉急躁，才能听见自己内心的声音。

喂牛 012

几个生活在城市的年轻人第一次去农村，看见有个放牛的农民正在干活儿，他用一个草叉子，把喂牛的草挑起来放到一个小土房的房顶上，旁边的牛在伸着脖子努力地吃。"为什么不放在地上呢？"年轻人问。农民回答："这些草都不太嫩了，如果放到地上，牛不见得吃。"农民又补充说："因为吃起来很费力，所以牛迫切地想把草吃到嘴里，只要能够到草，牛就很满足了，这样就能促使牛吃掉不太新鲜的草了。"

农民的话很有道理，启发了年轻人。如果每个人都提前知道了未来会怎样，迟早会觉得一切都没有意思。人只有一直期待和幻想，才会不断去奋斗。

腕時計を探す

　息子は父親が寝室とリビングをあたふたと歩き回り、そして首をかしげ、ため息をついているのを見かけた。息子は「パパ、何を探しているの」と聞いた。父親は「先月定番デザインの腕時計を新しく買ったじゃないか。表にダイヤが一つついているあの時計だよ。ずっともったいなくて使えなかった。今日それをして同僚の結婚式に出席しようと思っているのに、なくなってしまった。部屋中探したけれど、本当に不思議だ。あんなに大切なものを無造作に放置するはずはないからね」と言った。息子は「パパ、じゃ先に着替えをしたら。もしかしたら僕が見つけられるかもしれないよ」と言った。父親は「わかった。できるだけ早く探してほしいな」と言った。

　間もなく、息子は腕時計を見つけた。父親は驚いて眉を高くつり上げ「おお、君のおかげだ。どうやって見つけたの?」息子は「僕はただ静かに座っていたんだ。そうしたら後ろにあった本棚の上で時計の針がコチコチ動いている音が聞こえてきたんだよ」と言った。

　もし私達が慌てて物を探すと、時には欲しい物がますます遠く離れてしまう。焦るのをやめさえすれば、自分の胸の内の声が聞こえてくる。

牛に餌をやる

　都市で暮らしている何人かの若者が初めて農村に行って、牛の放牧をする農民が働いている様子を見た。農民は農耕用のフォークで牛にやる草をすくいあげて泥造りの小屋の天井に運んだ。そのそばで牛は首を伸ばしてせっせと食べていた。「なぜ地面に置かないのですか」と若者が尋ねた。農民は「草があまり柔らかくないから、もし地面に置いたら、牛はたぶん食べないと思う」と答えた。そして農民は「食べるのに苦労するから、牛は必死に草を口に入れようとして、草に触れさえすればそれで満足する。こうするとあまり新鮮ではない草でも残らず牛に食べさせることができるのだ」と補足した。

　農民の話はとても道理にかなっていて、若者にとって啓発となった。もし、一人一人がみんな前もって未来がどうなるかがわかったとしたら、いずれ全てのことが面白くないと感じるようになる。人はずっと期待を持ち続け想像力を働かせ続けることではじめて、絶えず努力することができるのだ。

真诚 誠意　吃好每一顿饭 毎食をしっかり食べる

[STEP 1]　今日習得すべき単語を、聞き取れるまで繰り返し聞いてください。

真诚 `013`

演讲 yǎnjiǎng
（动）演説する、
講演する

围巾 wéijīn
（名）マフラー、
スカーフ

身材 shēncái
（名）体格、スタイル

苗条 miáotiao
（形）（女性の体つき
が）ほっそりしている、
スマートである

递 dì
（动）手渡す

意外 yìwài
（形 / 名）意外で
ある / 不慮の事故

文学 wénxué
（名）文学

自从 zìcóng
（介）…より、…から

诗 shī
（名）詩

优美 yōuměi
（形）優美である、
美しい

生动 shēngdòng
（形）生き生きとして
いる

描写 miáoxiě
（动）描写する

文字 wénzì
（名）文字、文章

收获 shōuhuò
（动 / 名）収穫する /
成果、収穫

愿望 yuànwàng
（名）願望、願い

想象 xiǎngxiàng
（动）想像する

英俊 yīngjùn
（形）ハンサムである

总算 zǒngsuàn
（副）やっと、どうやら、
何とか

未必 wèibì
（副）必ずしも…では
ない、…とは限らない

魅力 mèilì
（名）魅力

在于 zàiyú
（动）…によって決まる

学问 xuéwen
（名）学問

坦率 tǎnshuài
（形）率直である

对待 duìdài
（动）（事や人に）対処
する、対応する

吃好每一顿饭 `014`

顿 dùn
（量）（食事・叱責・
忠告・罵倒などの）
動作の回数を表す

精力 jīnglì
（名）精神と体力、
精力

反而 fǎn'ér
（副）かえって、逆に

义务 yìwù
（名）義務

辣椒 làjiāo
（名）トウガラシ

热爱 rè'ài
（动）熱愛する、
心から愛する

消极 xiāojí
（形）消極的である

意义 yìyì
（名）意義

吸收 xīshōu
（动）吸収する

营养 yíngyǎng
（名）栄養

肌肉 jīròu
（名）筋肉

享受 xiǎngshòu
（动）享受する、
味わい楽しむ

勇气 yǒngqì
（名）勇気

克服 kèfú
（动）克服する

恋爱 liàn'ài
（动）恋愛する

失业 shīyè
（动）失業する

糟糕 zāogāo
（形）ひどく悪い、
めちゃくちゃである

人生 rénshēng
（名）人生

切 qiē
（动）切る

度过 dùguò
（动）過ごす、送る

赞美 zànměi
（动）賛美する、
ほめる

真诚

　　作家林清玄有一次＿＿＿＿时，一个系着红＿＿＿＿，＿＿＿＿＿＿＿＿的女孩儿＿＿＿＿给他一封信。林清玄还以为是一封情书。

　　演讲会散后，他读了信，让他感到＿＿＿＿的是这封信和情书无关。女孩儿在信里写着，自己是个＿＿＿＿爱好者，＿＿＿＿读了林清玄＿＿＿＿一般＿＿＿＿的文章，就爱上了他＿＿＿＿的＿＿＿＿和活泼的＿＿＿＿。每次看他的文章，都很有＿＿＿＿。还说最大的＿＿＿＿就是能见到林清玄一面，在＿＿＿＿中，林清玄应该很＿＿＿＿。这次＿＿＿＿见到了，却发现原来林清玄长得很难看，不禁非常失望。

　　林清玄马上给女孩儿回信说："人的脸＿＿＿＿那么重要，一个人是否有＿＿＿＿，＿＿＿＿此人的人品和＿＿＿＿。"他还在信中对女孩儿的＿＿＿＿相告表示了感谢。

　　对说自己坏话的人也能真诚＿＿＿＿，这样的人一定能做成大事。

吃好每一＿＿＿＿饭

　　现在很多人把＿＿＿＿放在工作或学习上，＿＿＿＿把吃饭当作＿＿＿＿，每天不是快餐，就是方便面拌＿＿＿＿酱。

　　作家蒋勋曾在书中这样写道："匆匆忙忙吃一顿饭的你，不会去＿＿＿＿你的生活；可是如果去准备、去享用一顿饭，你会爱你的生活，因为你觉得你为生活花过时间、花过心血，你为它准备过。"

　　我觉得他说得很有道理，喜欢美食的人往往不会＿＿＿＿。吃饭的＿＿＿＿不仅是从食品中＿＿＿＿，维持＿＿＿＿，还能通过＿＿＿＿美食增加＿＿＿＿和信心，从而帮助我们＿＿＿＿困难。当＿＿＿＿不如意、＿＿＿＿或考试失败的时候，不妨为自己做一盘精美的菜，吃完，你也许会觉得让你感到烦恼的事没有那么＿＿＿＿。

　　想让＿＿＿＿变得更美好吗？从认真＿＿＿＿菜做饭这件小事开始吧，好好吃饭，可以让我们＿＿＿＿更值得＿＿＿＿的人生。

真诚　`015`

作家林清玄有一次演讲时，一个系着红围巾，身材苗条的女孩儿递给他一封信。林清玄还以为是一封情书。

演讲会散后，他读了信，让他感到意外的是这封信和情书无关。女孩儿在信里写着，自己是个文学爱好者，自从读了林清玄诗一般优美的文章，就爱上了他生动的描写和活泼的文字。每次看他的文章，都很有收获。还说最大的愿望就是能见到林清玄一面，在想象中，林清玄应该很英俊。这次总算见到了，却发现原来林清玄长得很难看，不禁非常失望。

林清玄马上给女孩儿回信说："人的脸未必那么重要，一个人是否有魅力，在于此人的人品和学问。"他还在信中对女孩儿的坦率相告表示了感谢。

对说自己坏话的人也能真诚对待，这样的人一定能做成大事。

吃好每一顿饭　`016`

现在很多人把精力放在工作或学习上，反而把吃饭当作义务，每天不是快餐，就是方便面拌辣椒酱。

作家蒋勋曾在书中这样写道："匆匆忙忙吃一顿饭的你，不会去热爱你的生活；可是如果去准备、去享用一顿饭，你会爱你的生活，因为你觉得你为生活花过时间、花过心血，你为它准备过。"

我觉得他说得很有道理，喜欢美食的人往往不会消极。吃饭的意义不仅是从食品中吸收营养，维持肌肉，还能通过享受美食增加勇气和信心，从而帮助我们克服困难。当恋爱不如意、失业或考试失败的时候，不妨为自己做一盘精美的菜，吃完，你也许会觉得让你感到烦恼的事没有那么糟糕。

想让人生变得更美好吗？从认真切菜做饭这件小事开始吧，好好吃饭，可以让我们度过更值得赞美的人生。

誠意

　作家林清玄はある時講演をしたが、その時、赤いマフラーを巻き、すらりとした体つきの女の子が彼に一通の手紙を手渡した。林清玄はまたラブレターなのかと思った。

　講演会が終わった後、彼は手紙を読んだ。意外だなと思ったのは、この手紙がラブレターとは関係がないということだった。女の子は手紙にこう書いていた。自分は文学を愛好する者で、林清玄の、詩のように優美な文章を読んだその時から、その生き生きとした描写と文章が好きになった。そして、彼の文章を読むたびに大いに得るものがあり、一番の望みは林清玄と一度会うことであり、想像では、林清玄は当然ハンサムであるはずだった。今回やっと会えた。ところが、意外にも林清玄はハンサムとは言えず、思わずとてもがっかりした。

　林清玄は女の子にすぐ返信を出した。「人の顔は必ずしもそれほど重要ではない。人に魅力があるかどうかは、その人の人柄と学問にある」。さらに彼はその手紙で、女の子が率直に言ってくれたことに感謝すると伝えた。

　自分の悪口を言う人に対しても誠意を持って接することができる人、そういう人は必ず大きな事をやり遂げられる。

毎食をしっかり食べる

　現在、多くの人は精力を仕事や勉強に注いでいるが、その反面食事は義務だと考えている。毎日、ファーストフードでなければインスタントラーメンに唐辛子みそという具合である。

　作家の蔣勲はかつて本の中にこのように書いた。「あたふたと食事をする君は自分の生活を心から愛することができない。だけど、もし自ら進んで食事を用意し、楽しめば、君は自分の生活を愛することができる。なぜなら、君は生活のために時間をかけ、心血を注ぎ、そのために準備したことを悟るからだ。」

　私は、彼が言ったことはとても道理があると思う。グルメ好きの人はほとんど消極的になることはない。食事をする意味は食品から栄養を吸収し、筋肉を維持するだけではなく、グルメを楽しむことを通して勇気と自信を強め、それによって、私達が困難を克服する助けとなるのである。恋愛が思いどおりにならなかったり、失業したり、試験に失敗した時は、自分のために手の込んだ美味しい料理を一皿作ってみたらどうだろう。食べ終わったら、君を悩ませていたことはそんなにひどいことではないと悟っているかもしれない。

　人生をもっとすばらしいものに変えたいですか。ちゃんと野菜を切って食事を作る、この小さいことから始めよう。しっかり食事を摂れば私達はもっとすばらしい人生を送ることができる。

他有一颗爱心　彼は思いやりがある
怕你找不到路　道が分からなくなるのが心配だ

[STEP 1] 今日習得すべき単語を、聞き取れるまで繰り返し聞いてください。

他有一颗爱心
017

爱心 àixīn
（名）思いやり

姑姑 gūgu
（名）父の姉妹、おば

退休 tuìxiū
（动）定年退職する

从事 cóngshì
（动）携わる、
従事する

成人 chéngrén
（名）成人

据说 jùshuō
（动）聞くところによ
れば、…だそうだ

分手 fēnshǒu
（动）別れる

点心 diǎnxin
（名）菓子・ケーキ
など

名牌 míngpái
（名）ブランド

哪怕 nǎpà
（连）たとえ…でも

漏 lòu
（动）漏る、漏れる

洞 dòng
（名）穴

馒头 mántou
（名）中国式蒸しパン

炒 chǎo
（动）炒める

胃口 wèikǒu
（名）食欲、胃の具合

谨慎 jǐnshèn
（形）慎み深い、
慎重である

尽量 jǐnliàng
（副）できるだけ、
極力、なるべく

一辈子 yíbèizi
（名）一生、生涯

名胜古迹
míngshèng gǔjì
名所旧跡

处理 chǔlǐ
（动）処理する、
解決する

捐 juān
（动）寄付する

怪不得 guàibudé
（副）道理で（なるほ
ど）…だ

节省 jiéshěng
（动）節約する、
倹約する

体贴 tǐtiē
（动）思いやる、
気を遣う

怕你找不到路
018

群 qún
（量）群れ、群

欠 qiàn
（动）借りがある

浅 qiǎn
（形）浅い

过期 guòqī
（动）期限が過ぎる、
期限が切れる

食物 shíwù
（名）食べ物

抱怨 bàoyuàn
（动）不満を抱く、
恨みごとを言う

抓 zhuā
（动）つかむ、
しっかり握る

装 zhuāng
（动）しまい入れる、
積む、詰め込む

背 bēi
（动）背負う、
おんぶする

位置 wèizhì
（名）位置、場所

万一 wànyī
（连）万が一、
ひょっとしたら

慌张 huāngzhāng
（形）そそっかしい、
慌てている

滑 huá
（动/形）滑る/
滑らかである

蛇 shé
（名）蛇

寿命 shòumìng
（名）命、寿命

不要紧 bú yàojǐn
（形）かまわない、
差し支えない、

弱 ruò
（形）弱い

惭愧 cánkuì
（形）（欠点・失策や
責任を果たしていない
ことが）恥ずかしい

不得了 bùdéliǎo
（形）たいへんだ、
…でたまらない

18

他有一颗_____

老张是我_____的同事，_____前_____ _____教育工作。_____他三十几岁时和女朋友_____后，就再没有过结婚的念头，现在还是独身，已经退休十五年了。姑姑逢年过节都提着_____去老张家看他，我也常常跟姑姑一起去。

他的服装很朴素，别说是_____了，_____是上了一百块的衣服，他都舍不得买。袜子大概也穿了很久，_____了好几个_____。有时候去他家正好赶上他吃饭，几个_____，一小盘_____青菜，缺盐少油的，看得人没_____。

姑姑说他花钱很_____，能不花钱就_____不花钱，_____连_____也没去过几个。

老张得了癌症后，对亲戚说："我死后，请替我把房子_____掉，卖的钱和我的存款一起_____给学校，给学生们办个小图书馆吧。"

_____老张一直那么_____，原来全是为了_____学生，替学生着想啊。

怕你找不到路

有个生意人，家里有妈妈、妻子和一_____孩子。他的生意失败了，_____了很多钱，米缸里的米_____得都见底了。

他的妻子很不满，每天只给婆婆吃剩饭或_____的_____，还在生意人那儿_____老人吃得太多，把家都吃穷了。

生意人实在养不了一大家子人，就打算把妈妈扔到深山里，临出发时，妈妈_____了一大把米_____进口袋里。

他_____着妈妈进山，走了很远很远。累得走不动了，才把妈妈放下来。妈妈说："儿子呀，这儿在山里的什么_____你判断不了，我刚才在来的路上撒了很多米，你_____找不到家，就看着米走。下山时别_____，山里路_____。对了，山里有_____，要小心。妈的_____是长还是短都_____，可你还年轻，从小就身体_____，要好好照顾自己……"

生意人听了，_____得_____。

19

❶ 赤いシートを当てて、本文を見ながら聞き、見えない箇所の単語をチェックしてください。
❷ 赤いシートを外して、本文を見ながら聞き、聞き取った単語が合っているか、確認してください。
❸ 本文を見ないで聞き、全体の意味が把握できるか確認してください。

他有一颗爱心 019

　　老张是我姑姑的同事，退休前从事成人教育工作。据说他三十几岁时和女朋友分手后，就再没有过结婚的念头，现在还是独身，已经退休十五年了。姑姑逢年过节都提着点心去老张家看他，我也常常跟姑姑一起去。

　　他的服装很朴素，别说是名牌了，哪怕是上了一百块的衣服，他都舍不得买。袜子大概也穿了很久，漏了好几个洞。有时候去他家正好赶上他吃饭，几个馒头，一小盘炒青菜，缺盐少油的，看得人没胃口。

　　姑姑说他花钱很谨慎，能不花钱就尽量不花钱，一辈子连名胜古迹也没去过几个。

　　老张得了癌症后，对亲戚说："我死后，请替我把房子处理掉，卖的钱和我的存款一起捐给学校，给学生们办个小图书馆吧。"

　　怪不得老张一直那么节省，原来全是为了体贴学生，替学生着想啊。

怕你找不到路 020

　　有个生意人，家里有妈妈、妻子和一群孩子。他的生意失败了，欠了很多钱，米缸里的米浅得都见底了。

　　他的妻子很不满，每天只给婆婆吃剩饭或过期的食物，还在生意人那儿抱怨老人吃得太多，把家都吃穷了。

　　生意人实在养不了一大家子人，就打算把妈妈扔到深山里，临出发时，妈妈抓了一大把米装进口袋里。

　　他背着妈妈进山，走了很远很远。累得走不动了，才把妈妈放下来。妈妈说："儿子呀，这儿在山里的什么位置你判断不了，我刚才在来的路上撒了很多米，你万一找不到家，就看着米走。下山时别慌张，山里路滑。对了，山里有蛇，要小心。妈的寿命是长还是短都不要紧，可你还年轻，从小就身体弱，要好好照顾自己……"

　　生意人听了，惭愧得不得了。

彼は思いやりがある

　張さんは私のおばさんの同僚で、定年になるまでは社会人教育関係の仕事に従事していた。彼は30代の時に恋人と別れてからは、二度と結婚しようという考えを持つことはなく、今もまだ独身で、定年になってもう15年になるそうだ。おばさんは新年や節句のたびごとにお菓子を持って張さんの家を訪ねた。私もよくおばさんと一緒に行った。

　彼の服装はとても質素で、ブランド物はおろか、百元の服でも買うのが惜しいのだ。靴下もおそらく長く穿いていて穴がいくつもあいている。時にはちょうど食事時に彼の家を訪ねることもあったが、饅頭がいくつか、野菜炒めが一皿、塩も油も足りず、どうも食欲がわきそうもない。

　彼は（お金の使い方が）とても慎ましく、使わなくていいならなるべくお金を使わない、一生名所旧跡さえほとんど行ったことがないとおばさんは言う。

　張さんは癌になってから、親戚に「私が死んだら、私に代わって家を処分し、家を売ったお金と私の貯金を合わせて学校に寄付して、学生に図書館を造ってやってください」と伝えた。

　道理で張さんはずっとあんなに節約していたのだ。なんとそれは全て学生を思いやってのことで、学生のためを考えていたのか。

道が分からなくなるのが心配だ

　ある商人、家には母親、妻、それと多くの子供がいた。彼の商売が失敗して、多額の借金が残った。米びつの米も底が見えるほど少なくなった。

　妻はとても不満で、毎日、姑には残りご飯や期限切れの食べ物ばかりを食べさせた。それでも、商人のところでは姑がたくさん食べるので、一家がすっかり貧しくなったと不平を言った。

　商人は本当に一家を養えなくなり、母親を山奥に捨てることにした。家を出る時に、母親は米を一握り摑んでポケットの中に入れた。

　商人は母親を背負って山に入り、ずっと遠くまで歩いて行き、疲れて歩けなくなってやっと母親を下ろした。母親は「おまえ、ここが山のどの辺なのかわからないから私はさっき来た道に米をたくさん撒いておいた。万が一、帰り道がわからなくなったら、米を見て歩いて行けばいいよ。山を下りる時は、慌ててはいけないよ。山の道は滑るから。そうだ、山には蛇がいるから気をつけなければならないよ。母さんの寿命が長いか短いかそれはかまわないけれど、おまえはまだ若いし、小さい時から体が弱いから自分の面倒は自分でちゃんとみないとね…」と言った。

　商人はそれを聞くと、恥ずかしくてたまらなくなった。

一面镜子 鏡　　父女 父と娘

[STEP 1] 今日習得すべき単語を、聞き取れるまで繰り返し聞いてください。

一面镜子 021

主持 zhǔchí
（动）主宰する、
つかさどる

嘉宾 jiābīn
（名）賓客、（テレビ
番組の）ゲスト

日子 rìzi
（名）暮らし、生活

盆 pén
（名）鉢、たらい

肥皂 féizào
（名）石けん

争取 zhēngqǔ
（动）実現をめざして
努力する

砍 kǎn
（动）(刀や斧で) 切る

讲究 jiǎngjiu
（动 / 形）重んじる /
凝っている

腰 yāo
（名）腰

角度 jiǎodù
（名）角度、観点

姿势 zīshì
（名）姿勢

日历 rìlì
（名）日めくり、
カレンダー

总共 zǒnggòng
（副）全部で、
合計して

反正 fǎnzhèng
（副）どうせ、
どのみち

宝贝 bǎobèi
（名）宝物、
かわいい子

梳子 shūzi
（名）櫛

靠 kào
（动）寄りかかせる、
もたせかける

摆 bǎi
（动）並べる、
陳列する

父女 022

强烈 qiángliè
（形）強烈である

前途 qiántú
（名）前途

交往 jiāowǎng
（动）付き合う、
交際する

悄悄 qiāoqiāo
（副）ひそひそと、
こっそりと

娶 qǔ
（动）めとる、
（嫁を）もらう

事先 shìxiān
（名）事前に、
前もって

说服 shuōfú
（动）説得する

谈判 tánpàn
（动）話し合いをする、
談判する

杀 shā
（动）殺す

非 fēi
（副）ぜひとも、
どうしても

断 duàn
（动）断絶する、
とぎれる

嫁 jià
（动）嫁ぐ、嫁に行く

趁 chèn
（介）…を利用して、
…のうちに

躲藏 duǒcáng
（动）逃げ隠れる、
身を隠す

市场 shìchǎng
（名）市場、
マーケット

瞧 qiáo
（动）見る、目を通す

似的 shìde
（助）…のようだ、
…らしい

一面镜子

著名＿＿＿＿＿＿人倪萍曾对来场＿＿＿＿＿＿说过一个感人的故事。她小时候家里过＿＿＿＿＿＿比较节约，当时放洗脸＿＿＿＿＿＿和＿＿＿＿＿＿的架子上有一面镜子，为了＿＿＿＿＿＿让还是孩子的倪萍能照到镜子，她妈妈把架子腿＿＿＿＿＿＿掉了一部分。这样一来，出门前＿＿＿＿＿＿打扮的妈妈就不得不弯下＿＿＿＿＿＿，从不合适的＿＿＿＿＿＿、用不舒服的＿＿＿＿＿＿来照镜子。

＿＿＿＿＿＿一张张翻得飞快，等到倪萍长大成人，个子超过了妈妈，妈妈就又把架子腿加长了。谁也记不清这个架子腿＿＿＿＿＿＿被改造了多少次，＿＿＿＿＿＿妈妈的＿＿＿＿＿＿女儿用起镜子来，高度总是正好，但妈妈用＿＿＿＿＿＿梳头发时却得踮起脚尖。

倪萍后来出了名，走过很多地方，见过很多世面，可是她心里却总也忘不了家里那个＿＿＿＿＿＿窗户＿＿＿＿＿＿放的洗脸盆架子。

父女

女子和一个小伙子相爱，却遭到了父亲的＿＿＿＿＿＿反对。因为女孩子的父亲担心他以后没有＿＿＿＿＿＿，不能给女儿幸福的生活。

俩人的＿＿＿＿＿＿只好＿＿＿＿＿＿进行，到了小伙子想迎＿＿＿＿＿＿女子的时候，他们来到女子家，想＿＿＿＿＿＿＿＿＿＿＿＿女子的爸爸同意他们结婚。经过漫长的＿＿＿＿＿＿，女子的父亲依然不同意，说："＿＿＿＿＿＿了我都不同意，如果你＿＿＿＿＿＿要和他结婚，我们就＿＿＿＿＿＿了父女关系吧。"

女子还是＿＿＿＿＿＿给了小伙子，生下了活泼可爱的小宝宝。想家的女子经常＿＿＿＿＿＿父亲不在家回娘家和母亲团聚。一次，在路上意外遇到了她父亲。父亲说："女儿啊，其实你每次给你妈打电话我都知道，每次我都故意躲出去，＿＿＿＿＿＿在家门口的菜＿＿＿＿＿＿里，远远地＿＿＿＿＿＿见你抱着孩子走过，爸爸高兴得什么＿＿＿＿＿＿。"

女子听了，不知不觉湿了眼角。

❶ 赤いシートを当てて、本文を見ながら聞き、見えない箇所の単語をチェックしてください。
❷ 赤いシートを外して、本文を見ながら聞き、聞き取った単語が合っているか、確認してください。
❸ 本文を見ないで聞き、全体の意味が把握できるか確認してください。

一面镜子　023

　　著名主持人倪萍曾对来场嘉宾说过一个感人的故事。她小时候家里过日子比较节约，当时放洗脸盆和肥皂的架子上有一面镜子，为了争取让还是孩子的倪萍能照到镜子，她妈妈把架子腿砍掉了一部分。这样一来，出门前讲究打扮的妈妈就不得不弯下腰，从不合适的角度、用不舒服的姿势来照镜子。

　　日历一张张翻得飞快，等到倪萍长大成人，个子超过了妈妈，妈妈就又把架子腿加长了。谁也记不清这个架子腿总共被改造了多少次，反正妈妈的宝贝女儿用起镜子来，高度总是正好，但妈妈用梳子梳头发时却得踮起脚尖。

　　倪萍后来出了名，走过很多地方，见过很多世面，可是她心里却总也忘不了家里那个靠窗户摆放的洗脸盆架子。

父女　024

　　女子和一个小伙子相爱，却遭到了父亲的强烈反对。因为女孩子的父亲担心他以后没有前途，不能给女儿幸福的生活。

　　俩人的交往只好悄悄进行，到了小伙子想迎娶女子的时候，他们来到女子家，想事先说服女子的爸爸同意他们结婚。经过漫长的谈判，女子的父亲依然不同意，说："杀了我都不同意，如果你非要和他结婚，我们就断了父女关系吧。"

　　女子还是嫁给了小伙子，生下了活泼可爱的小宝宝。想家的女子经常趁父亲不在家回娘家和母亲团聚。一次，在路上意外遇到了她父亲。父亲说："女儿啊，其实你每次给你妈打电话我都知道，每次我都故意躲出去，躲藏在家门口的菜市场里，远远地瞧见你抱着孩子走过，爸爸高兴得什么似的。"

　　女子听了，不知不觉湿了眼角。

鏡

　著名なキャスター、ニーピン（倪萍）はかつて来場のゲストに感動的な話をしたことがある。彼女が小さい時、家は比較的切り詰めた暮らしだった。当時、洗面器と石けんを置く台の上に鏡が一面あった。まだ子供のニーピンが鏡を見られるように、お母さんは台の足を少し切った。こうすると、外出する時は、おしゃれに凝るお母さんは腰をかがめて、無理な角度と苦しい姿勢で鏡を見なければならなかった。

　月日が経つのはとても早いもので、ニーピンが大人になり、背丈がお母さんを越えると、お母さんは、今度は台の足を高くした。誰もこの台の足が全部で何度改造されたかはっきり覚えていないが、どっちにしてもお母さんの大切な娘が鏡を使っていれば、高さはいつもそれでぴったりということなのだ。だが、お母さんは櫛で髪をすく時、つま先立ちをしなければならなかった。

　ニーピンは有名になってから、各地を旅し、広く世間も見た。しかし、彼女は我が家の窓辺に置いたあの洗面器の台のことがいつまでも忘れられなかった。

父と娘

　女性と青年は愛し合っているが、父親の強い反対にあっていた。女性の父親は、青年に将来性がなく、娘に幸せな生活を送らせられないと心配したからだ。

　二人はこっそりと付き合うしかなかった。青年がいよいよ女性を嫁にもらおうとした時、二人は女性の家に来て、前もって女性の父親に結婚の同意を求めようとした。長い間話し合いをしたが、女性の父親はやはり同意しなかった。そして、「殺されても私は同意しない。どうしてもその男と結婚したいというなら私達は親子の縁を切ろう」と言った。

　女性は思いどおりその青年に嫁ぎ、元気な可愛い赤ちゃんを産んだ。実家が恋しくなると彼女はいつも父親が家にいない時に実家に帰って母親と楽しく過ごしていた。ある時、道で思いがけず父親に出会った。父親は「実はおまえがいつも母さんに電話をかけていることは、私はみんな知っているよ。その度に私はわざと避けて出かけているんだ。近くの青果市場に隠れて遠くからおまえが子供を抱っこして歩いていくのを見て、パパは嬉しくてたまらないよ」と言った。

　女性はそれを聞くと、知らず知らずのうちに、目頭がうるんできた。

问题胎儿 障害を持つ胎児　　计划生育 計画出産

[STEP 1] 今日習得すべき単語を、聞き取れるまで繰り返し聞いてください。

问题胎儿 025

迎接 yíngjiē
（动）迎える、
出迎える

阻止 zǔzhǐ
（动）阻止する、
食い止める

一致 yízhì
（形 / 副）一致してい
る / 一斉に

赞成 zànchéng
（动）賛成する

因而 yīn'ér
（连）従って、ゆえに、
だから

权利 quánlì
（名）権利

拥抱 yōngbào
（动）抱き合う、
抱擁する

时刻 shíkè
（名 / 副）時刻 /
時々刻々、常に

发达 fādá
（形）発達している

代表 dàibiǎo
（动 / 名）代表する /
代表

手术 shǒushù
（名）手術

治疗 zhìliáo
（动）治療する

珍惜 zhēnxī
（动）大切にする

作品 zuòpǐn
（名）作品

明星 míngxīng
（名）スター

思想 sīxiǎng
（名）思想

计划生育 026

时期 shíqī
（名）時期

理论 lǐlùn
（名）理論

利益 lìyì
（名）利益

控制 kòngzhì
（动）抑える、
制御する

亿 yì
（数）億

促进 cùjìn
（动）促進する

繁荣 fánróng
（形）繁栄している

缓解 huǎnjiě
（动）和らげる、
改善する

人口 rénkǒu
（名）人口

资源 zīyuán
（名）資源

破坏 pòhuài
（动）破壊する、
損なう

否定 fǒudìng
（动）否定する

曾经 céngjing
（副）かつて、
以前に

措施 cuòshī
（名）措置、対策

吨 dūn
（量）トン

奇迹 qíjì
（名）奇跡

劳动 láodòng
（动）労働する、
就業する

造成 zàochéng
（动）引き起こす

比例 bǐlì
（名）割合、比率

现象 xiànxiàng
（名）現象

升 shēng
（动）昇る

问题胎儿

对还未出生的问题胎儿，是＿＿＿＿他们到世上来，还是＿＿＿＿他们到世上来，人们的意见并不＿＿＿＿，大多数人＿＿＿＿前者。比如有人提出无脑症的胎儿出生后有一定时间的存活率，＿＿＿＿应该让虽有问题，但同样拥有生存＿＿＿＿的胎儿出生，让他们享受被父母＿＿＿＿的＿＿＿＿。也有人认为现在医疗水平＿＿＿＿，即便生下外形有问题的婴儿，也不＿＿＿＿走上绝路，可以用外科＿＿＿＿进行＿＿＿＿，应该＿＿＿＿每一个生命。

曾获诺贝尔文学奖的大江健三郎，有个孩子叫大江光，大江光出生时头部异常，被其父在＿＿＿＿中描写成有两个头的怪婴，他年过三十，语言能力却只停留在3岁儿童的水平，但这个孩子后来却因作曲而成了＿＿＿＿。大江健三郎觉得孩子照亮了他＿＿＿＿深处的黑暗，他因孩子而得救。

计划生育

中国实行计划生育的＿＿＿＿是从1980年到2016年。从＿＿＿＿上说，计划生育带来的＿＿＿＿是＿＿＿＿了4＿＿＿＿多人出生，＿＿＿＿了经济＿＿＿＿，＿＿＿＿了＿＿＿＿对自然＿＿＿＿的＿＿＿＿，显而易见，它的作用是不可＿＿＿＿的。＿＿＿＿有人指出，因计划生育＿＿＿＿而减少的人口，相当于每年减少了13亿＿＿＿＿二氧化碳，这不能不说是一个＿＿＿＿。

但计划生育也引起了＿＿＿＿力的减少，＿＿＿＿四十岁以下的人口＿＿＿＿下降。这就给高龄社会的养老问题带来了影响。另外，计划生育还造成了男多于女的＿＿＿＿，使结婚难的人数上＿＿＿＿。

问题胎儿　027

　　对还未出生的问题胎儿，是迎接他们到世上来，还是阻止他们到世上来，人们的意见并不一致，大多数人赞成前者。比如有人提出无脑症的胎儿出生后有一定时间的存活率，因而应该让虽有问题，但同样拥有生存权利的胎儿出生，让他们享受被父母拥抱的时刻。也有人认为现在医疗水平发达，即便生下外形有问题的婴儿，也不代表走上绝路，可以用外科手术进行治疗，应该珍惜每一个生命。

　　曾获诺贝尔文学奖的大江健三郎，有个孩子叫大江光，大江光出生时头部异常，被其父在作品中描写成有两个头的怪婴，他年过三十，语言能力却只停留在 3 岁儿童的水平，但这个孩子后来却因作曲而成了明星。大江健三郎觉得孩子照亮了他思想深处的黑暗，他因孩子而得救。

计划生育　028

　　中国实行计划生育的时期是从 1980 年到 2016 年。从理论上说，计划生育带来的利益是控制了 4 亿多人出生，促进了经济繁荣，缓解了人口对自然资源的破坏，显而易见，它的作用是不可否定的。曾经有人指出，因计划生育措施而减少的人口，相当于每年减少了 13 亿吨二氧化碳，这不能不说是一个奇迹。

　　但计划生育也引起了劳动力的减少，造成四十岁以下的人口比例下降。这就给高龄社会的养老问题带来了影响。另外，计划生育还造成了男多于女的现象，使结婚难的人数上升。

障害を持つ胎児

　障害を持つ胎児、彼らがこの世に来るのを受け入れるか、それともそれを拒むか、人々の意見は決して一致していない。大多数の人は前者に賛成する。例えば、無脳症の子は産まれてから一定時間生存の可能性がある。だから、障害があっても、他の子と同様に生存権を持つ子が産まれたとして、両親に抱擁される時を享受させるべきだと言う人もいる。また、現在、医療水準が発達しているので、たとえ外形に障害がある子でも、それが破滅の道を歩むことを示すものではない、外科手術で治療もできるので、一人一人の命を大切にしなければならないと考える人もいる。

　ノーベル文学賞を受賞した大江健三郎には大江光という子供がいる。大江光は出生時、頭部に異常があり、彼の父親の著作には頭を二つ持つ奇形児と描かれている。彼は 30 歳を超えても、言語能力はわずか 3 歳児の水準に留まっている。しかしこの子供は成長して、作曲でスターになった。大江健三郎は子供が彼の思想の深い闇に光を当ててくれ、子供に救われたと語っている。

計画出産

　中国が計画出産を実施した時期は 1980 年から 2016 年までである。理論的に言うと、計画出産がもたらした利益は、4 億人余りの出生を抑制し、経済の繁栄を促進し、人口による天然資源の破壊を和らげたことである。ひと目でわかるように、その役割は否定できない。かつて、ある人が計画出産の措置により減少した人口は、毎年 13 億トンの二酸化炭素の削減に相当し、これは奇跡であると言わざるを得ないと指摘した。

　しかし、計画出産は労働力の減少を引き起こし、40 歳以下の人口比率の低下をもたらした。これは高齢化社会の老人介護問題に影響を及ぼした。そのほか、計画出産により男性が女性より多いという現象が生じ、結婚難に陥る人の数を上昇させている。

流行语　鲁迅离开中小学课本
流行語　　鲁迅が小・中・高のテキストから外れる

[STEP 1] 今日習得すべき単語を、聞き取れるまで繰り返し聞いてください。

流行语 `029`

词汇 cíhuì
(名) 語彙

最初 zuìchū
(名) 最初、初め

广泛 guǎngfàn
(形) 広範である、
幅広い

字母 zìmǔ
(名) 表音文字、
アルファベットなど

网络 wǎngluò
(名) ネットワーク

表达 biǎodá
(动) 表現する、
言い表す

了不起 liǎobùqǐ
(形) すばらしい、
すごい

辞职 cízhí
(动) 辞職する

乐观 lèguān
(形) 楽観的である

面对 miànduì
(动) 直面する、
面する

悲观 bēiguān
(形) 悲観的である

朝 cháo
(介) (…の方に)
向かって

形容 xíngróng
(动) 形容する、
描写する

开放 kāifàng
(动 / 形) 開放する /
(性格が) 朗らかで
ある、開放的である

智慧 zhìhuì
(名) 知恵

预防 yùfáng
(动) 予防する

学术 xuéshù
(名) 学術

发明 fāmíng
(名 / 动) 発明 /
発明する

专家 zhuānjiā
(名) 専門家、
エキスパート

反映 fǎnyìng
(动) 反映する

鲁迅离开中小学课本 `030`

评价 píngjià
(动 / 名) 評価する /
評価

接触 jiēchù
(动) 触れる、
接触する

教材 jiàocái
(名) 教材

逐步 zhúbù
(副) 一歩一歩と、
次第に

删除 shānchú
(动) 削除する

部门 bùmén
(名) 部門

结构 jiégòu
(名) 構成、
仕組み、構造

主题 zhǔtí
(名) 主題、テーマ

中心 zhōngxīn
(名) 真ん中

作为 zuòwéi
(介) …として

时代 shídài
(名) 時代

现代 xiàndài
(名) 現代、近代

现实 xiànshí
(名 / 形) 現実 /
現実的である

年代 niándài
(名) 年代

本质 běnzhì
(名) 本質

争论 zhēnglùn
(动) 論争する

思考 sīkǎo
(动) 思考する、
深く考える

流行语

近年来，出现了很多新＿＿＿＿＿。比如"瑞斯拜"，它＿＿＿＿＿是在说唱歌手中＿＿＿＿＿流行的单词，为英语＿＿＿＿＿respect 的音译，后来通过＿＿＿＿＿走红，＿＿＿＿＿"＿＿＿＿＿，我服了"的意思。举一个实例来看："他＿＿＿＿＿后，一年写了三本书，每本都很畅销，瑞斯拜。"

再比如 "向日葵族"，这个词指＿＿＿＿＿积极的人，他们＿＿＿＿＿生活的压力不＿＿＿＿＿，好像向日葵＿＿＿＿＿着太阳转一样，总是往好的一面想问题。一般用来＿＿＿＿＿人的性格非常外向、＿＿＿＿＿。

还有"健商"，看到这个词会让人想起"智商"、"情商"这两个词，前者表示一个人＿＿＿＿＿的高低，后者表示一个人会不会为人处世。而"健商"的意思是指一个人具有＿＿＿＿＿疾病的＿＿＿＿＿知识和养生能力。＿＿＿＿＿这个单词的是加拿大医学＿＿＿＿＿谢华真教授。该词的出现，＿＿＿＿＿了当代人对健康理念的重视和需求。

鲁迅离开中小学课本

鲁迅，很多当代著名作家都给予了他至高的＿＿＿＿＿，村上春树就说过鲁迅是他最喜欢的中国作家。以前，孩子们从初中时就开始＿＿＿＿＿鲁迅的作品，语文＿＿＿＿＿里选用了许多鲁迅的文章。

最近，鲁迅的文章＿＿＿＿＿被＿＿＿＿＿了。教育＿＿＿＿＿给出的官方解释有两点，第一：鲁迅的文字生僻难懂，对中学生来说，不容易理解文章的＿＿＿＿＿，更不容易理解文章的＿＿＿＿＿和＿＿＿＿＿思想。第二：鲁迅＿＿＿＿＿一个＿＿＿＿＿战士，他的文章多以批判当时社会的黑暗现象为主，但＿＿＿＿＿社会的＿＿＿＿＿情况与鲁迅生活的＿＿＿＿＿已大不相同。

鲁迅研究专家、北大的钱理群教授提出了这样的问题："中小学教育教不教鲁迅，＿＿＿＿＿的问题是，我们这个时代还需不需要鲁迅这样的知识分子？"

这是一个引起＿＿＿＿＿的问题，也是一个值得人们＿＿＿＿＿的问题。

❶ 赤いシートを当てて、本文を見ながら聞き、見えない箇所の単語をチェックしてください。
❷ 赤いシートを外して、本文を見ながら聞き、聞き取った単語が合っているか、確認してください。
❸ 本文を見ないで聞き、全体の意味が把握できるか確認してください。

流行语　`031`

近年来，出现了很多新词汇。比如"瑞斯拜"，它最初是在说唱歌手中广泛流行的单词，为英语字母 respect 的音译，后来通过网络走红，表达"了不起，我服了"的意思。举一个实例来看："他辞职后，一年写了三本书，每本都很畅销，瑞斯拜。"

再比如"向日葵族"，这个词指乐观积极的人，他们面对生活的压力不悲观，好像向日葵朝着太阳转一样，总是往好的一面想问题。一般用来形容人的性格非常外向、开放。

还有"健商"，看到这个词会让人想起"智商"、"情商"这两个词，前者表示一个人智慧的高低，后者表示一个人会不会为人处世。而"健商"的意思是指一个人具有预防疾病的学术知识和养生能力。发明这个单词的是加拿大医学专家谢华真教授。该词的出现，反映了当代人对健康理念的重视和需求。

说唱：ラップ

鲁迅离开中小学课本　`032`

鲁迅，很多当代著名作家都给予了他至高的评价，村上春树就说过鲁迅是他最喜欢的中国作家。以前，孩子们从初中时就开始接触鲁迅的作品，语文教材里选用了许多鲁迅的文章。

最近，鲁迅的文章逐步被删除了。教育部门给出的官方解释有两点，第一：鲁迅的文字生僻难懂，对中学生来说，不容易理解文章的结构，更不容易理解文章的主题和中心思想。第二：鲁迅作为一个时代战士，他的文章多以批判当时社会的黑暗现象为主，但现代社会的现实情况与鲁迅生活的年代已大不相同。

鲁迅研究专家、北大的钱理群教授提出了这样的问题："中小学教育教不教鲁迅，本质的问题是，我们这个时代还需不需要鲁迅这样的知识分子？"

这是一个引起争论的问题，也是一个值得人们思考的问题。

流行語

　近年、多くの新語が生まれている。例えば、「瑞斯拜」、この単語は最初ラップ歌手の間で、広く流行した言葉である。英語の（アルファベット表記）respect の音訳で、その後、ネットを通じて人気が出て、「すごい、心服する」という意味を表現するようになった。一つ実例をあげると「彼は仕事を辞めてから1年で3冊本を書いた。どれも売れ行きがよく、すごい」。

　それから、例えば「向日葵族（ひまわり族）」、この言葉は楽観的で、積極的な人を指す。そういう人たちは、生活でプレッシャーに直面しても悲観的にならず、まるで、ひまわりが太陽に向かって回っていくように、いつも良い方に物事を考えるのである。一般的に人の性格が非常に活発で、明朗であることを形容する。

　それから「健商」、この言葉を見ると、「智商（知能指数）」、「情商（感情指数）」という2つの語を連想するが、前者は人の知恵の高低を示し、後者は人が人としてうまく世渡りができるかどうかを表している。そして、「健商」の意味は、（人が）病気を予防する学術的知識と体を健康に保つ能力を備えていることを指す。この言葉を発明したのはカナダの医学専門家謝華真教授である。この言葉の出現は、現代人が健康という理念をいかに重視し、必要としているかを反映している。

魯迅が小・中・高のテキストから外れる

　魯迅、多くの現代の著名な作家がそろって彼に最高の評価を与えている。村上春樹は、魯迅は自分の最も好きな中国の作家であると言ったことがある。以前、子供達は中学校の時から魯迅の作品に触れ始め、国語の教材には、多くの魯迅の文章が選ばれていた。

　最近、魯迅の文章は次第に削除されている。教育当局が出した公式見解は二点ある。第一に、魯迅の使う言葉はなじみがうすく、分かりにくい、中高生にとっては、文章の構成が理解しにくく、文章の主題と中心となる思想が更に理解しにくい。第二に、魯迅は一時代の戦士として、彼の文章は多く当時の社会の暗い現象を批判することを主としている。だが、現代社会の現実の状況は魯迅が生活した年代とはすでに大きく異なっている。

　魯迅研究の専門家である北京大学の銭理群教授はこのような問題提起をしている。「小・中・高校教育で魯迅を教えるか否かについて、本質的な問題は、私達のこの時代にまだ魯迅のような知識人が必要かどうかということだ」と。

　これは、論争を巻き起こす問題であり、人々が考える価値がある問題でもある。

獭祭 獭祭（だっさい）　钼元素 モリブデンという元素

[STEP 1] 今日習得すべき単語を、聞き取れるまで繰り返し聞いてください。

獭祭

高级 gāojí
(形) 高級な、
上等である

制造 zhìzào
(动) 製造する

销售 xiāoshòu
(动) 販売する

开发 kāifā
(动) 開発する

制作 zhìzuò
(动) 作る

实现 shíxiàn
(动) 実現する

保存 bǎocún
(动) 保存する

相似 xiāngsì
(形) 似ている

欣赏 xīnshǎng
(动) 鑑賞する、
楽しむ

玻璃 bōli
(名) ガラス

均匀 jūnyún
(形) 平均している、
むらがない

失去 shīqù
(动) 失う、なくす

口味 kǒuwèi
(名) 味

酒吧 jiǔbā
(名) バー、酒場

接近 jiējìn
(动) 接近する、
近寄る

钼元素 034

某 mǒu
(代) 某、ある

化学 huàxué
(名) 化学

金属 jīnshǔ
(名) 金属

有利 yǒulì
(形) 有利である、
利益がある

生长 shēngzhǎng
(动) 生長する、
大きくなる

格外 géwài
(副) 特に、格別に

陌生 mòshēng
(形) よく知らない、
不案内である

指挥 zhǐhuī
(动 / 名) 指揮する /
指揮する人、リーダー

灰心 huīxīn
(形) がっかりする、
気落ちする

行动 xíngdòng
(动 / 名) 行動する /
行為、振る舞い

追 zhuī
(动) 追う

组成 zǔchéng
(动) 作り上げる、
構成する

成分 chéngfèn
(名) 成分

合作 hézuò
(动) 協力する、
提携する

密切 mìqiè
(形) 密接である、
親しい

秘密 mìmì
(名) 秘密

难怪 nánguài
(副) 道理で、
なるほど

情绪 qíngxù
(名) 気分、感情

獭祭

　　獭祭是使用最＿＿＿＿的纯米＿＿＿＿而成的清酒，这些年，它的＿＿＿＿额逐步上升，＿＿＿＿、＿＿＿＿它的小酒厂也＿＿＿＿了快速发展。

　　因为＿＿＿＿獭祭的温度与葡萄酒＿＿＿＿，所以用葡萄酒杯喝它，可以更好地＿＿＿＿它的花果香气。据说＿＿＿＿杯越薄，味道越＿＿＿＿。

　　另外，一般清酒加热后，香味会更强烈。但獭祭加热后反而会＿＿＿＿原有的香气，变成＿＿＿＿偏辣的酒。这就是为什么在＿＿＿＿喝到的獭祭都是低温的原因吧。

　　和其他清酒相比，獭祭的味道更＿＿＿＿于葡萄酒，因此它很适合就着鱼或肉制品来喝，味道会更加鲜美。

钼元素

　　1781 年，＿＿＿＿瑞典＿＿＿＿家用碳还原法将一种新＿＿＿＿分离出来，他把该金属命名为钼。

　　钼有丰富的营养，＿＿＿＿于植物＿＿＿＿。听说有一年遇到干旱天气，某牧场的草都枯死了，只有路边的小草＿＿＿＿旺盛，调查后才知道，原因是钼矿的矿工走路时，不小心把矿渣掉在草地上了。

　　不仅是植物，人体对钼也并不＿＿＿＿。我们的心情很容易受到钼的影响，它能＿＿＿＿我们大脑，让我们高兴，或者让我们＿＿＿＿，甚至不想有任何＿＿＿＿。

　　＿＿＿＿其原因，发现原来钼是酶的＿＿＿＿ ＿＿＿＿，黄嘌呤氧化酶和亚硫酸盐氧化酶都只有和钼元素＿＿＿＿时才具有活力。众所周知，酶和新陈代谢有着＿＿＿＿的关系。＿＿＿＿解开了，＿＿＿＿钼能支配我们的＿＿＿＿呢。

35

❶ 赤いシートを当てて、本文を見ながら聞き、見えない箇所の単語をチェックしてください。
❷ 赤いシートを外して、本文を見ながら聞き、聞き取った単語が合っているか、確認してください。
❸ 本文を見ないで聞き、全体の意味が把握できるか確認してください。

獭祭　035

　　獭祭是使用最高级的纯米制造而成的清酒，这些年，它的销售额逐步上升，开发、制作它的小酒厂也实现了快速发展。

　　因为保存獭祭的温度与葡萄酒相似，所以用葡萄酒杯喝它，可以更好地欣赏它的花果香气。据说玻璃杯越薄，味道越均匀。

　　另外，一般清酒加热后，香味会更强烈。但獭祭加热后反而会失去原有的香气，变成口味偏辣的酒。这就是为什么在酒吧喝到的獭祭都是低温的原因吧。

　　和其他清酒相比，獭祭的味道更接近于葡萄酒，因此它很适合就着鱼或肉制品来喝，味道会更加鲜美。

钼元素　036

　　1781 年，某瑞典化学家用碳还原法将一种新金属分离出来，他把该金属命名为钼。

　　钼有丰富的营养，有利于植物生长。听说有一年遇到干旱天气，某牧场的草都枯死了，只有路边的小草格外旺盛，调查后才知道，原因是钼矿的矿工走路时，不小心把矿渣掉在草地上了。

　　不仅是植物，人体对钼也并不陌生。我们的心情很容易受到钼的影响，它能指挥我们大脑，让我们高兴，或者让我们灰心，甚至不想有任何行动。

　　追其原因，发现原来钼是酶的组成成分，黄嘌呤氧化酶和亚硫酸盐氧化酶都只有和钼元素合作时才具有活力。众所周知，酶和新陈代谢有着密切的关系。秘密解开了，难怪钼能支配我们的情绪呢。

黄嘌呤氧化酶：キサンチンデヒドロゲナーゼ　　**亚硫酸盐氧化酶**：亜硫酸オキシダーゼ

獺祭（だっさい）

　獺祭は最も高品質の純米を使って醸造された清酒である。ここ数年、獺祭の売上高は次第に上昇し、獺祭を開発・醸造した小規模の酒蔵も急速な発展を実現している。

　獺祭を保存する温度はワインと似ているので、ワイングラスで飲むことでその花と果物の香りをより楽しむことができる。グラスが薄ければ薄いほど、味はバランスがよくなる。

　それから、普通の清酒は温めると、香りが強くなる。だが、獺祭は温めると、却って元の香りがなくなり、味が辛口の酒に変化する。これこそが酒場で飲む獺祭が全て低温である理由なのであろう。

　ほかの清酒に比べて、獺祭の味はよりワインに近いため、魚や肉の料理をつまみにするのが合っていて、味も更に美味しくなる。

モリブデンという元素

　1781 年、スウェーデンのある化学者が炭素還元法で一種の新金属を分離し、彼はその金属をモリブデンと名付けた。

　モリブデンには豊富な栄養があり、植物の生長に有効である。ある年、干ばつに遭い、ある牧場の草がすべて枯れてしまったが、道路沿いの草だけはとりわけ勢いよく茂っていた。調査の結果、原因はモリブデン鉱山の従業員が道を通る時、うっかりスラッグを牧草地に落としていたためということがわかったそうだ。

　植物だけではなく、人体にとってもモリブデンは決してなじみがないわけではない。私達の気持ちはモリブデンの影響を受けやすい。モリブデンは私達の大脳を指図して動かすことができるだけでなく、私達を嬉しくさせたり、がっかりさせたり、さらにはどんな行動も起こしたくない気持ちにさえさせる。

　その原因を追究すると、なんとモリブデンは酵素の構成成分で、キサンチンデヒドロゲナーゼと亜硫酸オキシダーゼはどちらもモリブデンと結合した時だけ活力を発揮するということがわかった。周知のように、酵素は新陳代謝と密接な関係を持っている。秘密は解けた。道理でモリブデンは私達の情緒を支配することができるわけだ。

紫阳花 紫陽花　　上瘾 中毒

[STEP 1] 今日習得すべき単語を、聞き取れるまで繰り返し聞いてください。

紫阳花 `037`

写作 xiězuò
（动）文章を書く

以来 yǐlái
（名）以来

流传 liúchuán
（动）広く伝わる

概念 gàiniàn
（名）概念

性质 xìngzhì
（名）性質

团 tuán
（名）丸い形のもの、
団子状のもの

日期 rìqī
（名）期日、日付

形状 xíngzhuàng
（名）形状、形

个性 gèxìng
（名）個性

戏剧 xìjù
（名）芝居、演劇

薄 báo
（形）薄い

祝福 zhùfú
（动）祝福する

产生 chǎnshēng
（动）発生する、
生じる

上瘾 `038`

过分 guòfèn
（形）過度である、
行き過ぎた

投入 tóurù
（动 / 形）投入する /
集中している、
夢中である

如何 rúhé
（代）いかに、
どのように

一旦 yídàn
（副）いったん

对象 duìxiàng
（名）対象

痒 yǎng
（形）痒い

不安 bù'ān
（形）不安である

心理 xīnlǐ
（名）心理、気持ち

分析 fēnxī
（动）分析する

打交道
dǎ jiāodao
付き合う

缺乏 quēfá
（动）欠く、不足する

诚恳 chéngkěn
（形）真心がこもって
いる、心からの

采取 cǎiqǔ
（动）（方針・手段・
態度などを）とる

责备 zébèi
（动）責める、
とがめる

代替 dàitì
（动）代える、
取って代わる

巧妙 qiǎomiào
（形）（方法や技術が）
巧妙である

青少年
qīngshàonián
（名）青少年

制定 zhìdìng
（动）定める、
制定する

良好 liánghǎo
（形）良好である

紫阳花

　　紫阳花这个名字，是唐代诗人白居易在＿＿＿＿＿诗歌时第一个使用的。现在在中国一般叫它为绣球花，但在日本一直＿＿＿＿＿都叫它紫阳花，这个叫法＿＿＿＿＿至今。提到绣球花，很多人对它的＿＿＿＿＿是蓝色的。其实，它的颜色会根据土壤的 pH 值（酸度）＿＿＿＿＿而改变。土壤是酸性的，花＿＿＿＿＿就是蓝色，土壤是碱性的，花团就是红色。

　　绣球花的颜色还会随着开花＿＿＿＿＿的推移发生变化。从黄绿色变到红色，或变成蓝色。除了颜色，它的＿＿＿＿＿也多种多样，很有＿＿＿＿＿。

　　因此，绣球花的另一个名字叫"七变化"。在花语中，它既＿＿＿＿＿性地代表着爱上别人，又因为它＿＿＿＿＿薄的花瓣是一团一团的而代表着＿＿＿＿＿团圆。正是因为绣球花的形状和颜色多样，才会＿＿＿＿＿不同意思的花语吧。

上瘾

　　上瘾，这个词的意思是说对某个东西或事情＿＿＿＿＿ ＿＿＿＿＿，不知道＿＿＿＿＿自我控制，＿＿＿＿＿不能接触上瘾的＿＿＿＿＿，就会感到手＿＿＿＿＿或＿＿＿＿＿。加拿大＿＿＿＿＿医生马泰表示，生活中的上瘾现象非常严重。有烟瘾、酒瘾、游戏瘾、购物瘾等等。

　　马泰＿＿＿＿＿：不会和人＿＿＿＿＿，＿＿＿＿＿关爱，压力太大，心灵遭受过打击，都会让人对一些事情上瘾。要想治疗好上瘾者，需要有同情心和理解，还要＿＿＿＿＿地去帮助上瘾者。如果只＿＿＿＿＿ ＿＿＿＿＿的办法，就会得到反效果。

　　用＿＿＿＿＿法来治疗上瘾也许是一个好办法。比如，给喝酒上瘾的人找到另一种健康的饮料，＿＿＿＿＿地帮助有游戏瘾的＿＿＿＿＿ ＿＿＿＿＿读书计划，这些都能让上瘾者分散注意力，使他们慢慢远离各种瘾，养成＿＿＿＿＿的习惯。

❶ 赤いシートを当てて、本文を見ながら聞き、見えない箇所の単語をチェックしてください。
❷ 赤いシートを外して、本文を見ながら聞き、聞き取った単語が合っているか、確認してください。
❸ 本文を見ないで聞き、全体の意味が把握できるか確認してください。

紫阳花　039

　　紫阳花这个名字，是唐代诗人白居易在写作诗歌时第一个使用的。现在在中国一般叫它为绣球花，但在日本一直以来都叫它紫阳花，这个叫法流传至今。提到绣球花，很多人对它的概念是蓝色的。其实，它的颜色会根据土壤的 pH 值（酸度）性质而改变。土壤是酸性的，花团就是蓝色，土壤是碱性的，花团就是红色。

　　绣球花的颜色还会随着开花日期的推移发生变化。从黄绿色变到红色，或变成蓝色。除了颜色，它的形状也多种多样，很有个性。

　　因此，绣球花的另一个名字叫"七变化"。在花语中，它既戏剧性地代表着爱上别人，又因为它薄薄的花瓣是一团一团的而代表着祝福团圆。正是因为绣球花的形状和颜色多样，才会产生不同意思的花语吧。

上瘾　040

　　上瘾，这个词的意思是说对某个东西或事情过分投入，不知道如何自我控制，一旦不能接触上瘾的对象，就会感到手痒或不安。加拿大心理医生马泰表示，生活中的上瘾现象非常严重。有烟瘾、酒瘾、游戏瘾、购物瘾等等。

　　马泰分析：不会和人打交道，缺乏关爱，压力太大，心灵遭受过打击，都会让人对一些事情上瘾。要想治疗好上瘾者，需要有同情心和理解，还要诚恳地去帮助上瘾者。如果只采取责备的办法，就会得到反效果。

　　用代替法来治疗上瘾也许是一个好办法。比如，给喝酒上瘾的人找到另一种健康的饮料，巧妙地帮助有游戏瘾的青少年制定读书计划，这些都能让上瘾者分散注意力，使他们慢慢远离各种瘾，养成良好的习惯。

紫陽花

　紫陽花というこの名前は、唐代の詩人白居易が詩歌を創作する時に初めて使用したものである。現在、中国では一般的に「绣球花」と言う。しかし、日本ではこれまでずっと紫陽花と表記し、この呼び方が今まで広く伝わっている。アジサイに対しては、多くの人が藍色の花という概念を持っている。実は、その色は土壌の pH 値（酸性度）の性状により変わる。土壌が酸性であれば花の塊は藍色で、土壌がアルカリ性であれば、花の塊は赤い色になる。

　アジサイの色は開花後の時間の経過によっても変化が生じる。黄緑色から赤い色に変わったり、あるいは藍色に変わったりする。色のほかに、その形状も多種多様でとても個性がある。

　そういうわけで、アジサイのもう一つの名は「七変化」という。花言葉では、劇的に人を愛することを表し、また、アジサイの薄い花びらはひとかたまりひとかたまりになっていて団欒を祝福しているようだ。まさしく、アジサイの形状と色彩が多様であるため、異なる意味の花言葉が生まれるのであろう。

中毒

　中毒、この言葉の意味は、ある物あるいはある事に過剰に夢中になり、どのように自分をコントロールするか分からなくなることである。ひとたび中毒の対象に触れられなくなると、手がむずむずしたり不安を感じたりする。カナダの心理療法医である馬泰は、生活の中の中毒症状は非常に重大であると指摘している。喫煙、飲酒、ゲーム、ショッピング等々の中毒がある。

　馬泰はこのように分析している。他人との付き合いがうまくいかない、人からの愛情が足りない、精神的プレッシャーが大きい、心に打撃を受ける、これらは全て人を何かの中毒にさせるのである。中毒者をしっかり治療するには同情心と理解が必要であり、更に心をこめて中毒者を助けることも必要である。もし、責めるだけという方法を採った場合、逆効果となる。

　代替法で中毒を治療するのも良い方法かもしれない。例えば、アルコール中毒の人に他の健康飲料を探す、ゲーム中毒の青少年にうまく読書計画を立てる手助けをするなど。こういうことは中毒者の気をまぎらわすことができ、そして彼らを次第にいろいろな中毒から遠ざけ、よい習慣を身につけるようにさせる。

招聘广告　求人広告　　放假通知　休暇のお知らせ

[STEP 1] 今日習得すべき単語を、聞き取れるまで繰り返し聞いてください。

招聘广告　041

业务 yèwù
（名）仕事、業務

公开 gōngkāi
（动 / 形）公開する /
公然の、公開の

秘书 mìshū
（名）秘書

范围 fànwéi
（名）範囲

遵守 zūnshǒu
（动）遵守する

制度 zhìdù
（名）制度

程度 chéngdù
（名）程度

作文 zuòwén
（名）作文

编辑 biānjí
（名 / 动）編集者 /
編集する

沟通 gōutōng
（动）コミュニケーショ
ンを取る

基本 jīběn
（形）基本的な、
根本的な

程序 chéngxù
（名）プログラム

熟练 shúliàn
（形）熟練している、
上手である

相关 xiāngguān
（动）関連する、
関係がある

成熟 chéngshú
（动 / 形）熟する、
成熟する / 完全な
程度に達している、
熟成している

人才 réncái
（名）人材

派 pài
（动）派遣する、
任命する

待遇 dàiyù
（名）待遇

员工 yuángōng
（名）従業員、職員

简历 jiǎnlì
（名）履歴書

贸易 màoyì
（名）貿易

放假通知　042

传统 chuántǒng
（名 / 形）伝統 /
伝統的な

人员 rényuán
（名）人員

预订 yùdìng
（动）予約する、
注文する

往返 wǎngfǎn
（动）往復する

运输 yùnshū
（动）運送する、
輸送する

调整 tiáozhěng
（动）調整する

移动 yídòng
（动）移動する

步骤 bùzhòu
（名）段取り、
（事の）順序

秩序 zhìxù
（名）秩序

阶段 jiēduàn
（名）段階

保持 bǎochí
（动）保持する、
保つ

统一 tǒngyī
（形）一致している、
一つにまとまっている

一律 yílǜ
（副）すべて、一律に

勿 wù
（副）なかれ、
…するな

延长 yáncháng
（动）延長する、
延ばす

鞭炮 biānpào
（名）爆竹の総称

[STEP 2] STEP1 の単語を上から順番に、発音しながら＿＿＿＿に書き入れてください。

招聘广告

因＿＿＿＿发展需要，我公司向社会＿＿＿＿招＿＿＿＿一名，具体要求如下：

一、招聘＿＿＿＿：

有北京户口的居民。

二、招聘条件：

1、年龄 25 周岁以下，品貌端正、身体健康、＿＿＿＿国家法律和公司规章＿＿＿＿。

2、大学及以上文化＿＿＿＿。

3、普通话标准，口齿清楚。

4、有较强的＿＿＿＿能力、文字＿＿＿＿能力和＿＿＿＿能力。

5、了解北京城区＿＿＿＿情况，具有一定的电脑＿＿＿＿操作能力。

6、能＿＿＿＿使用英文。

7、有＿＿＿＿工作经验的＿＿＿＿ ＿＿＿＿优先。

三、工作性质：

＿＿＿＿到我公司在北京城区的分公司协助工作。

四、＿＿＿＿：

报酬按照派遣制＿＿＿＿薪酬管理办法执行。

五、报名方式：

应聘者请将本人＿＿＿＿（请写明联系电话）、身份证复印件、一寸照片一张，于 3 月 15 日前寄至海淀区 1 号阳光实业＿＿＿＿集团公司 402 室收。

联系电话：6279310

阳光实业贸易公司

2021 年 10 月 15 日

放假通知

　　春节快到了，为欢度＿＿＿＿佳节，使全体＿＿＿＿尽可能与家人一起享受节日的欢乐和喜悦，经公司研究决定：

　　公司定于农历 12 月 30 日起开始放年假，年假共计 10 天，建议回家的员工提前＿＿＿＿好＿＿＿＿的车票，避开春节的＿＿＿＿难，＿＿＿＿好返乡的＿＿＿＿时间，并分＿＿＿＿、有＿＿＿＿地做好回家的准备。

　　同时，公司要求员工在假期结束＿＿＿＿返回公司的时间＿＿＿＿ ＿＿＿＿，确保能够正常开展业务，公司＿＿＿＿不接受电话请假，请＿＿＿＿ ＿＿＿＿假期。

　　另外，所有员工假期都要注意安全，特别是放＿＿＿＿时要小心。

　　祝大家春节愉快！

上海美洁有限责任公司

❶ 赤いシートを当てて、本文を見ながら聞き、見えない箇所の単語をチェックしてください。
❷ 赤いシートを外して、本文を見ながら聞き、聞き取った単語が合っているか、確認してください。
❸ 本文を見ないで聞き、全体の意味が把握できるか確認してください。

招聘广告　043

因业务发展需要，我公司向社会公开招秘书一名，具体要求如下：
一、招聘范围：
有北京户口的居民。
二、招聘条件：
1、年龄 25 周岁以下，品貌端正、身体健康、遵守国家法律和公司规章制度。
2、大学及以上文化程度。
3、普通话标准，口齿清楚。
4、有较强的作文能力、文字编辑能力和沟通能力。
5、了解北京城区基本情况，具有一定的电脑程序操作能力。
6、能熟练使用英文。
7、有相关工作经验的成熟人才优先。
三、工作性质：
派到我公司在北京城区的分公司协助工作。
四、待遇：
报酬按照派遣制员工薪酬管理办法执行。
五、报名方式：
应聘者请将本人简历（请写明联系电话）、身份证复印件、一寸照片一张，于 3 月 15 日
前寄至海淀区 1 号阳光实业贸易集团公司 402 室收。
联系电话：6279310

阳光实业贸易公司

2021 年 10 月 15 日

放假通知　044

　　春节快到了，为欢度传统佳节，使全体人员尽可能与家人一起享受节日的欢乐和喜悦，经公司研究决定：
　　公司定于农历 12 月 30 日起开始放年假，年假共计 10 天，建议回家的员工提前预订好往返的车票，避开春节的运输难，调整好返乡的移动时间，并分步骤、有秩序地做好回家的准备。
　　同时，公司要求员工在假期结束阶段返回公司的时间保持统一，确保能够正常开展业务，公司一律不接受电话请假，请勿延长假期。
　　另外，所有员工假期都要注意安全，特别是放鞭炮时要小心。
　　祝大家春节愉快！

上海美洁有限责任公司

求人広告

業務拡張の必要により、我社は社会に公開の上、秘書1名を募集します。具体的な条件は以下のとおりです。

一、求人対象

北京の戸籍を有する住民

二、求人条件

1. 年齢、満25歳以下。容姿端麗、身体健康、国家の法律及び会社の規則と制度を遵守すること。
2. 大学以上の教育水準を有すること。
3. 標準語を話し、発音が明瞭であること。
4. やや高度な文章作成能力、編集能力及びコミュニケーション能力を有すること。
5. 北京市街区の基本的状況を把握し、一定レベルのパソコンプログラムの操作能力を有すること。
6. 英語に熟達していること。
7. 関連業務の経験を持つ熟練した人材を優先する。

三、業務の範囲

北京市街区にある我社の支社に配属、補助業務を担当する。

四、待遇

報酬は派遣職員の報酬管理方法に基づき実施する。

五、応募方法

応募者は本人の履歴書（連絡先の電話番号を明記）、身分証明書のコピー、25mm x 35mm の写真1枚を3月15日までに海淀区1号陽光実業貿易グループ会社402号室宛に郵送のこと。

電話番号：6279310

陽光実業貿易公司

2021年10月15日

休暇のお知らせ

　もうすぐ春節です。伝統の祝日を愉快に祝い、全ての社員ができるだけ家族と共に祝日の嬉しさと喜びを味わえるように、会社は検討の結果、以下のように決定しました。

　会社は旧暦12月30日より正月休暇に入り、休暇は合わせて10日間とします。帰省する社員は予め往復切符を予約して春節の輸送難を避け、帰省の移動時期を調整し、かつ段階的に、秩序ある帰省の準備を整えるよう提案します。

　同時に、会社は休暇終了時に会社に復帰する時期は統一し、正常な業務の推進を確保するよう社員に要求します。会社は一切電話による休暇の届け出を受理しません。休暇の期間を延長しないよう願います。

　その他、全ての社員は休暇の期間、安全に注意してください。特に爆竹を鳴らす時は、気をつけるよう心がけてください。

　皆さん、良い春節をお過ごしください。

上海美潔有限責任公司

一则凉鞋广告　サンダルの広告
开会通知　会議開催通知

[STEP 1]　今日習得すべき単語を、聞き取れるまで繰り返し聞いてください。

一则凉鞋广告　045

平 píng
（形）平らである

特征 tèzhēng
（名）特徴

软 ruǎn
（形）柔らかい

宽 kuān
（形）幅が広い

舒适 shūshì
（形）心地よい、
快適である

台阶 táijiē
（名）段階、ステップ

风格 fēnggé
（名）風格、スタイル

省略 shěnglüè
（动）省略する、省く

必要 bìyào
（形）必要である

多余 duōyú
（形）余計な、
むだな

大方 dàfang
（形）（様式や色が）
あか抜けている、
すっきりしている

时尚 shíshàng
（形）現代的な、
モダンである

则 zé
（连）（他と比較して
これは…と限定する）
は

显得 xiǎnde
（动）…のように
見える

显然 xiǎnrán
（形）はっきりして
いる、明らかである

开会通知　046

召开 zhàokāi
（动）（会議などを）
招集する、開く

展开 zhǎnkāi
（动）展開する、
繰り広げる

地震 dìzhèn
（动）地震が起こる

灾害 zāihài
（名）災害

担任 dānrèn
（动）担任する、
担当する

领导 lǐngdǎo
（动／名）指導する／
指導者、上司

交换 jiāohuàn
（动）交換する、
取り交わす

培训 péixùn
（动）訓練し育成する

成果 chéngguǒ
（名）成果

经营 jīngyíng
（动）経営する、
営む

目标 mùbiāo
（名）目標

明确 míngquè
（动／形）明確にする
／はっきりしている

大厦 dàshà
（名）ビルディング

登记 dēngjì
（动）登記する、
登録する

不然 bùrán
（连）そうでなければ、
さもなければ

夹子 jiāzi
（名）物をはさむ用具
（総称）紙ばさみ・
クリップ・ファイル等

转告 zhuǎngào
（动）代わって伝える、
伝言する

一则凉鞋广告

＿＿＿＿底老爹凉鞋这个名字起源于男士的凉鞋，它的＿＿＿＿是鞋底较＿＿＿＿、鞋带较＿＿＿＿，穿上很＿＿＿＿，无论是走平地，还是上＿＿＿＿，都很轻松。它的设计＿＿＿＿属于中性，＿＿＿＿了不＿＿＿＿的装饰，没有＿＿＿＿的地方，给人一种＿＿＿＿的感觉。穿上黑色的平底老爹凉鞋，再配上白色衬衫和红色运动裤，非常有＿＿＿＿感，而穿白色老爹凉鞋，配上红色衣裤，＿＿＿＿会＿＿＿＿十分帅气。＿＿＿＿，黑白两色都值得你去拥有。

开会通知

关于＿＿＿＿公司安全教育定期会议的通知：敬告本公司所有成员，为深入＿＿＿＿公司安全教育工作，尤其是防火灾、防＿＿＿＿和台风等自然＿＿＿＿方面的安全教育，经研究决定，公司将于近期召开＿＿＿＿安全教育＿＿＿＿小组定期会议。

目的是要通过此次会议，＿＿＿＿经验，交流＿＿＿＿＿＿＿＿，强化＿＿＿＿＿＿＿＿，＿＿＿＿责任事项，为做好安全教育工作打好基础。一、会议时间：2021年12月5日下午3时。二、会议地点：＿＿＿＿一楼大会议室。三、有关要求（一）要准时参加会议，无特殊情况不得请假。到场需＿＿＿＿，＿＿＿＿，按缺席处理。（二）各位成员要重视此次会议。（三）参会需带公司发给员工的业务学习用笔记本和＿＿＿＿，及时做好笔记。望相互＿＿＿＿，准时到会！

京南公司 2021 年 12 月 1 日

一则凉鞋广告　047

　　平底老爹凉鞋这个名字起源于男士的凉鞋，它的特征是鞋底较软、鞋带较宽，穿上很舒适，无论是走平地，还是上台阶，都很轻松。它的设计风格属于中性，省略了不必要的装饰，没有多余的地方，给人一种大方的感觉。穿上黑色的平底老爹凉鞋，再配上白色衬衫和红色运动裤，非常有时尚感，而穿白色老爹凉鞋，配上红色衣裤，则会显得十分帅气。显然，黑白两色都值得你去拥有。

开会通知　048

　　关于召开公司安全教育定期会议的通知：敬告本公司所有成员，为深入展开公司安全教育工作，尤其是防火灾、防地震和台风等自然灾害方面的安全教育，经研究决定，公司将于近期召开担任安全教育领导小组定期会议。

　　目的是要通过此次会议，交换经验，交流培训成果，强化经营目标，明确责任事项，为做好安全教育工作打好基础。一、会议时间：2021 年 12 月 5 日下午 3 时。二、会议地点：大厦一楼大会议室。三、有关要求（一）要准时参加会议，无特殊情况不得请假。到场需登记，不然，按缺席处理。（二）各位成员要重视此次会议。（三）参会需带公司发给员工的业务学习用笔记本和夹子，及时做好笔记。望相互转告，准时到会！

京南公司 2021 年 12 月 1 日

サンダルの広告

　「平底老爹」サンダルというこの名前は男性用サンダルから生まれた。その特徴は靴底がやや柔らかく、紐が幅広で、穿くと心地がよく、平らな所を歩いても階段を上っても、とても軽やかである。そのデザインの趣は偏らず、不必要な飾りが省かれ、余計なところがないので、すっきりした感じを与える。黒い「平底老爹」サンダルをはいて白いシャツと赤いスポーツパンツを合わせると、非常にモダンな感じになる。そして白い「老爹」サンダルに赤い上着とズボンを合わせると、本当に格好よく見える。黒と白両方を揃える価値があるのは明白だ。

会議開催通知

　会社の安全教育定例会議開催についてのお知らせ：我社の全社員に謹んでお知らせします。会社の安全教育の業務を鋭意遂行するため、特に火災、地震及び台風など自然災害に備えるための安全教育について、検討の結果、近日中に安全教育を担当する指導グループの定例会議を開催することになりました。

　その目的は、今回の会議を通じて経験の交換、訓練成果の交流、経営目標の強化、責任事項の明確化を進め、安全教育業務のための基礎を固めることにあります。一、開催日時：2021年12月5日午後3時。二、開催場所：ビル一階大会議室。三、関連のお願い（一）時間どおりに会議に出席すること、特別な事情がない限り休みを取ることを禁じます。出席時に、記名する必要があります。無記名は欠席扱いとします。（二）グループのメンバー各位は今回の会議を重視しなければなりません。（三）出席の際に、会社が職員に配った業務学習ノートとファイルを持参し、適宜メモを取る必要があります。相互に伝達してください。時間どおりに出席するようお願いします。

京南公司 2021 年 12 月 1 日

飞机延误广播　フライト遅延のアナウンス
感谢母亲的演讲　母への感謝のスピーチ

[STEP 1] 今日習得すべき単語を、聞き取れるまで繰り返し聞いてください。

飞机延误广播 049

播放 bōfàng
（动）放送する、放映する

遗憾 yíhàn
（名 / 形）悔い /
遺憾である

预报 yùbào
（动 / 名）予報する /
予報

形成 xíngchéng
（动）形成する、
構成する

雾 wù
（名）霧

雷 léi
（名）雷

因素 yīnsù
（名）要素、要因

导致 dǎozhì
（动）（悪い結果を）
導く、招く

傍晚 bàngwǎn
（名）夕方

歇 xiē
（动）休む、休息する

利用 lìyòng
（动）利用する

设施 shèshī
（名）施設

商务 shāngwù
（名）商用、ビジネス

取消 qǔxiāo
（动）取り消す、
キャンセルする

日程 rìchéng
（名）日程、
スケジュール

感谢母亲的演讲 050

亲爱 qīn'ài
（形）親愛なる

胆小鬼 dǎnxiǎoguǐ
（名）臆病者

暗 àn
（形）暗い

答应 dāying
（动）承諾する、
承知する

动画片 dònghuàpiàn
（名）アニメーション

被子 bèizi
（名）掛け布団

次要 cìyào
（形）二次的な、
副次的な

操心 cāoxīn
（动）気をつかう、
心配する

催 cuī
（动）促す、催促する

贷款 dàikuǎn
（动 / 名）金を貸し
付ける / 貸付金、
ローン

单位 dānwèi
（名）勤め先、
勤務先

抽屉 chōuti
（名）引き出し

整齐 zhěngqí
（形）整然としている、
きちんとしている

除夕 chúxī
（名）（旧暦の）大晦日、
除夜

超级 chāojí
（形）最上等の、
特級の

善良 shànliáng
（形）善良である

伟大 wěidà
（形）偉大である

孝顺 xiàoshùn
（动）親孝行をする

50

飞机延误广播

现在＿＿＿＿一条消息：

由北京前往上海的旅客请注意：我们＿＿＿＿地通知，您乘坐的 BS360 次航班，据天气＿＿＿＿说冷空气＿＿＿＿大＿＿＿＿、＿＿＿＿雨。上述＿＿＿＿ ＿＿＿＿天气不够飞行标准，无法按时起飞。估计起飞时间将延长至＿＿＿＿。在此我们深表歉意，请您暂时在候机厅＿＿＿＿一下，也可以＿＿＿＿机场内的饮食＿＿＿＿，＿＿＿＿舱的乘客可以在贵宾室休息。请大家等候通知。另外，不排除有＿＿＿＿本次航班，更改飞行＿＿＿＿的可能性。敬请谅解！

感谢母亲的演讲

＿＿＿＿的同学们

大家好！

今天我来说说我的母亲。

我是个＿＿＿＿，从小怕＿＿＿＿，母亲＿＿＿＿如果我没睡着，就坐在我身边陪我，她不但给我讲＿＿＿＿里的故事，还给我披＿＿＿＿。直到我睡着，她才离去。

有了我，母亲自己的生活就变成＿＿＿＿的了。她总是在为我＿＿＿＿，＿＿＿＿我早点儿起床，为了让我有书房，她＿＿＿＿买了房。为了还房贷，每天一大早就去＿＿＿＿上班。回家后不顾辛苦，把我的＿＿＿＿收拾得很＿＿＿＿，房间打扫得很干净。＿＿＿＿包了饺子，总是让我先吃。为了给我买参考书，她曾经冒雨跑了十几家书店。她真是＿＿＿＿ ＿＿＿＿的好母亲。

母爱是＿＿＿＿的，母爱是无私的，从现在开始让我们一起来感恩母亲：妈妈，我长大了，一定会好好＿＿＿＿您！

飞机延误广播　051

现在播放一条消息：

由北京前往上海的旅客请注意：我们遗憾地通知，您乘坐的 BS360 次航班，据天气预报说冷空气形成大雾、雷雨。上述因素导致天气不够飞行标准，无法按时起飞。估计起飞时间将延长至傍晚。在此我们深表歉意，请您暂时在候机厅歇一下，也可以利用机场内的饮食设施，商务舱的乘客可以在贵宾室休息。请大家等候通知。另外，不排除有取消本次航班，更改飞行日程的可能性。敬请谅解！

感谢母亲的演讲　052

亲爱的同学们

大家好！

今天我来说说我的母亲。

我是个胆小鬼，从小怕暗，母亲答应如果我没睡着，就坐在我身边陪我，她不但给我讲动画片里的故事，还给我掖被子。直到我睡着，她才离去。

有了我，母亲自己的生活就变成次要的了。她总是在为我操心，催我早点儿起床，为了让我有书房，她贷款买了房。为了还房贷，每天一大早就去单位上班。回家后不顾辛苦，把我的抽屉收拾得很整齐，房间打扫得很干净。除夕包了饺子，总是让我先吃。为了给我买参考书，她曾经冒雨跑了十几家书店。她真是超级善良的好母亲。

母爱是伟大的，母爱是无私的，从现在开始让我们一起来感恩母亲：妈妈，我长大了，一定会好好孝顺您！

フライト遅延のアナウンス

ただ今からお知らせいたします。

北京より上海へご出発のお客様、どうぞご注意ください。誠に残念なお知らせです。皆様がご搭乗される BS360 便ですが、天気予報によると寒気のため広範囲に及ぶ濃霧と雷雨が発生しております。以上の原因により、天候が飛行基準を満たさず、時間どおり離陸できなくなりました。出発時刻は夕方まで延長の見込みでございます。ここに深くお詫び申し上げます。

どうかしばらくの間、待合室の方でお休みください。また空港内の飲食施設のご利用もできます。ビジネスクラスのお客さまは VIP 室でもおくつろぎいただけます。皆様、今後のお知らせをお待ちください。なお、本便のキャンセルも承ります。フライト日程の変更も可能でございます。ご了承いただきますようお願い申し上げます。

母への感謝のスピーチ

親愛なる皆さん

こんにちは!

今日、私は母のことをお話します。

私は臆病者で、小さい頃から暗いのが怖く、母は、私が寝つけないと、そばに座って私の相手をしてくれました。母は私にアニメの中の物語を話してくれたり、布団をまきつけたりしてくれました。母は私が寝くとやっとそこから離れていきました。

私が生まれてから、母の自身の生活は二の次になりました。彼女はいつも私のために気を配り、早く起きるようせきたて、私に勉強部屋を与えるため、母はローンを組んで家を買いました。住宅ローンを返済するために、毎日、朝早くから職場に出勤しました。家に帰ってからも、苦労を物ともせず、私の引き出しをきちんと片付け、部屋もきれいに掃除してくれました。大晦日に餃子を作るといつも私に先に食べさせてくれました。私に参考書を買うために、母は雨の中を、十何軒もの本屋を回ってくれました。彼女は本当にこの上もなく善良な母親なのです。

母の愛は偉大なものであり、無私なものであります。今から私達は一緒に母親の恩に感謝しましょう。お母さん、私が大きくなったら必ずしっかりと親孝行します。

商场迎宾广播 デパートの店内アナウンス
自我介绍 自己紹介

[STEP 1] 今日習得すべき単語を、聞き取れるまで繰り返し聞いてください。

商场迎宾广播 053

光临 guānglín
（动）ご光臨を賜る

蔬菜 shūcài
（名）野菜、蔬菜

猪 zhū
（名）豚

窗帘 chuānglián
（名）カーテン

乐器 yuèqì
（名）楽器

文具 wénjù
（名）文房具

自我介绍 054

兄弟 xiōngdì
（名）兄弟

活跃 huóyuè
（形）活発である

能干 nénggàn
（形）能力がある、
腕がよい

商业 shāngyè
（名）商業

逻辑 luójí
（名）論理、
ロジック

宠物 chǒngwù
（名）ペット

完善 wánshàn
（形 / 动）完全である、
りっぱである /
完全なものにする

充电器
chōngdiànqì
（名）充電器

安装 ānzhuāng
（动）取り付ける、
据え付ける

自动 zìdòng
（形 / 副）自動の /
自ら進んで、自発的に

热心 rèxīn
（形）熱心である

疼爱 téng'ài
（动）かわいがる

淘气 táoqì
（形）いたずらである、
腕白である

数码 shùmǎ
（形）デジタルの

家务 jiāwù
（名）家事

装饰 zhuāngshì
（动）着飾る

广场 guǎngchǎng
（名）広場

保险 bǎoxiǎn
（名）保険

随身 suíshēn
（形）身につけている

优惠 yōuhuì
（形）優待の、
優遇の

商品 shāngpǐn
（名）商品

出口 chūkǒu
（动）輸出する

桃 táo
（名）モモ

随时 suíshí
（副）随時、
いつでも

接待 jiēdài
（动）接待する、
もてなす

木头 mùtou
（名）木

提问 tíwèn
（动）質問する

球迷 qiúmí
（名）球技のファン

决赛 juésài
（名）決勝戦

摸 mō
（动）触る、触れる

发票 fāpiào
（名）領収書、
レシート

周到 zhōudào
（形）周到である、
行き届いている

宝贵 bǎoguì
（形）貴重である、
大切である

改进 gǎijìn
（动）改善する、
改良する

病毒 bìngdú
（名）ウイルス

纪录 jìlù
（名）競技の成績、
記録、レコード

古典 gǔdiǎn
（形）古典の、
クラシックな

套 tào
（量）セットになって
いる物を数える

神话 shénhuà
（名）神話

商场迎宾广播

顾客朋友，你们好！

欢迎＿＿＿＿新光商场。本商场一楼销售＿＿＿＿、水果、＿＿＿＿牛羊肉。二楼销售＿＿＿＿、家具、家电。三楼销售＿＿＿＿、＿＿＿＿。四楼销售＿＿＿＿用品。

为了给您提供一个＿＿＿＿的购物环境，商场入口处可以租借＿＿＿＿，还有＿＿＿＿贩卖机，楼顶设有儿童游戏＿＿＿＿，三楼有＿＿＿＿柜，可以把物品存放进去。

今天的＿＿＿＿价＿＿＿＿是新上市的＿＿＿＿品种水蜜＿＿＿＿，欢迎选购，但请不要＿＿＿＿摆放的展品。

今天各层零钱不足，请您尽量使用电子支付，谢谢。

如有退换商品的需要，请带好＿＿＿＿。

如果我们的服务有不＿＿＿＿的地方，欢迎您提出＿＿＿＿的建议，我们会及时＿＿＿＿。感谢您的光临，为预防新冠＿＿＿＿，请您购物中不要忘记戴好口罩。敬祝您购物愉快，谢谢！

自我介绍

各位同学好！

我的名字叫刘洋。下面我就为大家做一个简单的自我介绍。我今年 15 岁，没有＿＿＿＿姐妹。我妈妈性格开朗＿＿＿＿，很＿＿＿＿，在一家＿＿＿＿中心做管理工作。她是一个＿＿＿＿性很强的人，对志愿活动很＿＿＿＿。她非常＿＿＿＿我，小时候，我＿＿＿＿打坏了家里的＿＿＿＿相机，她一点儿都没有责怪我。妈妈很喜欢做＿＿＿＿，把我家＿＿＿＿得很漂亮。欢迎大家＿＿＿＿去我家玩儿，我妈妈会非常高兴地＿＿＿＿你们。

我爸爸不喜欢说话，但手很巧，家里的两张沙发都是他用＿＿＿＿做的，样子很漂亮。

我是一个爱＿＿＿＿的学生，也是一个＿＿＿＿。今晚正好要看一场足球＿＿＿＿，希望我喜欢的队能打破＿＿＿＿，踢出好成绩。我很喜欢看＿＿＿＿小说，昨天刚刚买了全＿＿＿＿的三国演义。我也喜欢希腊＿＿＿＿，下个月打算买这方面的书。

各位同学，既然我们分在了一个班级中，那就让我们一起努力吧！

商场迎宾广播　055

顾客朋友，你们好！

　　欢迎光临新光商场。本商场一楼销售蔬菜、水果、猪牛羊肉。二楼销售窗帘、家具、家电。三楼销售乐器、文具。四楼销售宠物用品。

　　为了给您提供一个完善的购物环境，商场入口处可以租借充电器，还安装有自动贩卖机，楼顶设有儿童游戏广场，三楼有保险柜，可以把随身物品存放进去。

　　今天的优惠价商品是新上市的出口品种水蜜桃，欢迎选购，但请不要摸摆放的展品。

　　今天各层零钱不足，请您尽量使用电子支付，谢谢。

　　如有退换商品的需要，请带好发票。

　　如果我们的服务有不周到的地方，欢迎您提出宝贵的建议，我们会及时改进。感谢您的光临，为预防新冠病毒，请您购物中不要忘记戴好口罩。敬祝您购物愉快，谢谢！

自我介绍　056

各位同学好！

　　我的名字叫刘洋。下面我就为大家做一个简单的自我介绍。我今年15岁，没有兄弟姐妹。我妈妈性格开朗活跃，很能干，在一家商业中心做管理工作。她是一个逻辑性很强的人，对志愿活动很热心。她非常疼爱我，小时候，我淘气打坏了家里的数码相机，她一点儿都没有责怪我。妈妈很喜欢做家务，把我家装饰得很漂亮。欢迎大家随时去我家玩儿，我妈妈会非常高兴地接待你们。

　　我爸爸不喜欢说话，但手很巧，家里的两张沙发都是他用木头做的，样子很漂亮。

　　我是一个爱提问的学生，也是一个球迷。今晚正好要看一场足球决赛，希望我喜欢的队能打破纪录，踢出好成绩。我很喜欢看古典小说，昨天刚刚买了全套的三国演义。我也喜欢希腊神话，下个月打算买这方面的书。

　　各位同学，既然我们分在了一个班级中，那就让我们一起努力吧！

デパートの店内アナウンス

ご来店の皆様、こんにちは！

　新光デパートにようこそいらっしゃいました。本店では、1 階は野菜、果物、豚肉、牛肉、羊の肉を、2 階はカーテン、家具、家電を、3 階は楽器、文具を、4 階はペット用品を販売しております。

　整ったショッピング環境をご提供するために、デパートの入り口で充電器をレンタルしており、自動販売機も取り付け、屋上には子供の遊び場を設け、3 階には金庫を設置し、身の回りの物を預けることができます。

　本日の特別割引商品は市場に出たばかりの輸出用の水蜜桃でございます。どうぞご自由にお選びください。展示された商品には手を触れないようお願い致します。

　本日は各階で小銭が不足しております。極力電子マネーでのお支払いをご利用ください。ありがとうございます。

　商品の返品・交換のご要望がございましたら、領収書をお持ちください。

　私どものサービスに行き届かないところがございましたら、貴重なご意見をお寄せください。私どもは直ちに改善致します。ご来店、誠にありがとうございます。新型コロナウイルス予防のため、お買い物の際はマスクの着用をお忘れにならないようお願い致します。どうぞお買い物をお楽しみください。ありがとうございました。

自己紹介

　皆さんこんにちは！

　私は劉洋と申します。これから、皆さんに簡単な自己紹介をさせていただきます。私は今年 15 歳になります。兄弟姉妹はいません。母は性格が明朗快活で仕事がよくでき、商品流通センターで管理を担当しています。母は論理的思考にすぐれた人で、ボランティア活動を熱心にやっています。私をとてもかわいがってくれます。小さい頃、私がいたずらをして家のデジタルカメラを壊してしまいました。でも母は私を少しもとがめませんでした。母は家事が大好きで、家をきれいに飾りつけています。皆さん、いつでも私の家に遊びに来て下さい。母は大喜びでおもてなしします。

　父はおしゃべりをするのは好みませんが、手先が器用なので、家のソファーは 2 台とも父が木で作ったもので、デザインもきれいです。

　私は質問をするのが好きな学生で、球技のファンでもあります。今晩、ちょうどサッカーの決勝戦を見ます。私の好きなチームが記録を破り、良い成績を収めるよう願っています。私は古典小説を読むのを好み、昨日、三国志演義を全巻買ったばかりです。ギリシャ神話も好きです。来月、この分野の本を買うつもりです。

　皆さん、私達は同じクラスに振り分けられたのですから、一緒に頑張っていきましょう。

东京的生活消费　東京の生活費　057

[STEP 1]　今日習得すべき単語を、聞き取れるまで繰り返し聞いてください。

消费 xiāofèi
（动）消費する

公布 gōngbù
（动）公布する、公表する

报告 bàogào
（名）報告

显示 xiǎnshì
（动）明らかに示す

家庭 jiātíng
（名）家庭

明显 míngxiǎn
（形）明らかである

相当 xiāngdāng
（副）相当、かなり

报道 bàodào
（动）報道する

目前 mùqián
（名）目下、現在

人民币 rénmínbì
（名）人民元

汇率 huìlǜ
（名）為替レート

计算 jìsuàn
（动）計算する

联合 liánhé
（动）連合する

组织 zǔzhī
（名 / 动）組織、団体 /
組織する、手配する

包括 bāokuò
（动）含む、含める

参考 cānkǎo
（动）参考にする

数据 shùjù
（名）データ

平方 píngfāng
（量）平方メートル

公寓 gōngyù
（名）マンション

宴会 yànhuì
（名）宴会

结论 jiélùn
（名）結論

包含 bāohán
（动）含む、包含する

税 shuì
（名）税、税金

平均 píngjūn
（形）均等である、平均的な

成长 chéngzhǎng
（动）成長する

东京的生活＿＿＿＿

英国经济学人智库＿＿＿＿的全球生活消费指数＿＿＿＿曾＿＿＿＿，全球生活消费最高的十个城市中，东京排在第四位。

东京的生活消费高，这一点在有孩子的＿＿＿＿里更＿＿＿＿，一旦有了孩子，消费就＿＿＿＿高了。有新闻＿＿＿＿说，一个在东京的四口之家，如果想过上"普通的生活"，30 岁以上每月需要花费 46 万日元，40 岁以上每月需要 54 万日元，50 岁以上则每月需要更多的费用。按照＿＿＿＿换算＿＿＿＿的＿＿＿＿，一万日元约为 6 百左右人民币。

据说这些＿＿＿＿来自东京都某＿＿＿＿ ＿＿＿＿。该组织对 3 千 2 百人进行了相关生活物品调查，并对调查结果进行了分析。调查对象中＿＿＿＿了 739 对有孩子的夫妇。教育费用＿＿＿＿了一些现有＿＿＿＿。

比如 30 多岁的一对夫妇，家庭构成：丈夫、妻子和两个孩子组成的四口之家。住在练马区 43 ＿＿＿＿米左右的＿＿＿＿楼，房租每月为 9 万 5 千日元。一个月的伙食费约 11 万日元，包括丈夫每月参加一次＿＿＿＿的费用。全家每月出去玩儿，平均费用为 3 万日元。孩子的教育费用一个月约 2 万 8 千日元。

计算得出的＿＿＿＿是每月大约要花费 46 万日元，按年额计算的话就是 552 万日元，＿＿＿＿社会保险费和＿＿＿＿。

调查负责人说："我们已经以略低于年代＿＿＿＿消费水平的程度来给这个家庭计算，但结论还是要花这么多钱。"

另外，随着孩子的＿＿＿＿，教育费用也会相应上升，到夫妇 50 多岁时，他们的第一个孩子开始上私立大学，每月的教育费用就会一下子增加到大约 13 万日元。

看来，对年轻一代来说，成家过日子，已经成为了一种较高水准的生活方式。

❶ 赤いシートを当てて、本文を見ながら聞き、見えない箇所の単語をチェックしてください。
❷ 赤いシートを外して、本文を見ながら聞き、聞き取った単語が合っているか、確認してください。
❸ 本文を見ないで聞き、全体の意味が把握できるか確認してください。

东京的生活消费

　　英国经济学人智库公布的全球生活消费指数报告曾显示，全球生活消费最高的十个城市中，东京排在第四位。

　　东京的生活消费高，这一点在有孩子的家庭里更明显，一旦有了孩子，消费就相当高了。有新闻报道说，一个在东京的四口之家，如果想过上"普通的生活"，30 岁以上每月需要花费 46 万日元，40 岁以上每月需要 54 万日元，50 岁以上则每月需要更多的费用。按照目前换算人民币的汇率，一万日元约为 6 百左右人民币。

　　据说这些计算来自东京都某联合组织。该组织对 3 千 2 百人进行了相关生活物品调查，并对调查结果进行了分析。调查对象中包括了 739 对有孩子的夫妇。教育费用参考了一些现有数据。

　　比如 30 多岁的一对夫妇，家庭构成：丈夫、妻子和两个孩子组成的四口之家。住在练马区 43 平方米左右的公寓楼，房租每月为 9 万 5 千日元。一个月的伙食费约 11 万日元，包括丈夫每月参加一次宴会的费用。全家每月出去玩儿，平均费用为 3 万日元。孩子的教育费用一个月约 2 万 8 千日元。

　　计算得出的结论是每月大约要花费 46 万日元，按年额计算的话就是 552 万日元，包含社会保险费和税。

　　调查负责人说："我们已经以略低于年代平均消费水平的程度来给这个家庭计算，但结论还是要花这么多钱。"

　　另外，随着孩子的成长，教育费用也会相应上升，到夫妇 50 多岁时，他们的第一个孩子开始上私立大学，每月的教育费用就会一下子增加到大约 13 万日元。

　　看来，对年轻一代来说，成家过日子，已经成为了一种较高水准的生活方式。

经济学人智库：エコノミスト・インテリジェンス・ユニット

東京の生活費

　イギリスのエコノミスト・インテリジェンス・ユニットがかつて公表した、世界の生活消費指数の報告では、生活費の高い世界の 10 都市において東京が第 4 位にランクインした。

　東京の生活費は高い。この点は子供のいる家庭ではいっそう顕著で、一旦子供を持つと、消費（金額）は相当高くなる。ニュースの報道では、東京の 4 人家族が、「普通の生活」を送ろうとしたら、30 歳以上では毎月 46 万円、40 歳以上では毎月 54 万円、50 歳以上になるとさらに必要であると伝えている。現在の人民元の為替レートで換算すると、1 万円は約 600 元である。

　これらの計算は、東京のある連合団体によるものだそうだ。この団体は 3200 人に対して関連する生活物資の調査を行い、更に調査の結果について分析を行った。調査の対象には 739 組の子供を持つ夫婦が含まれている。教育費は既存のデータを参考にしている。

　例えば、ある 30 代の夫婦、その家族は夫、妻と 2 人の子供で構成される 4 人家族である。練馬区の 43 ㎡程度のマンションに居住していて、家賃は毎月 9 万 5000 円である。1 か月の食費は約 11 万円で、これには夫の毎月 1 回の宴会費用を含んでいる。毎月一家で遊びに出かける費用は平均 3 万円である。子供の教育費は 1 か月約 2 万 8000 円である。

　計算によって得られた結論では、毎月およそ 46 万円かかることになり、年額に換算すると 552 万円で、社会保険料と税金が含まれる。

　調査の担当者は「私達は同年代の平均的な消費水準よりやや低い家庭を対象にした計算も行ったが、やはりこれぐらい多額の金がかかるという結論に至った」と言っている。

　その他に、子供の成長につれて、教育費もそれに応じて上昇し、夫婦が 50 代になった時には、彼らの第 1 子が私立大学に通い始め、毎月の教育費は一気に約 13 万円まで上昇することになる。

　どうやら若い世代にとって、所帯を持つことは、すでに比較的高水準の生活スタイルになっているということのようだ。

星级酒店平民化 高級ホテルの大衆化 059

[STEP 1] 今日習得すべき単語を、聞き取れるまで繰り返し聞いてください。

趋势 qūshì
(名) 形勢、動向

持续 chíxù
(动) 続く、持続する

面临 miànlín
(动) (問題や状況などに)
直面する

存在 cúnzài
(动) 存在する

清淡 qīngdàn
(形) (取引が) 少ない、
(商売が) ひまである

位于 wèiyú
(动) …に位置する

连续 liánxù
(动) 連続する

通常 tōngcháng
(副 / 形) 通常 / 通常の、
普通の

气氛 qìfēn
(名) 雰囲気、ムード

感受 gǎnshòu
(动 / 名) 感じる、
感銘を受ける /
感銘、体験

温暖 wēnnuǎn
(形) 暖かい、温かい

充分 chōngfèn
(形) 十分である

亲切 qīnqiè
(形) 親しい

地道 dìdao
(形) 本場のものである

除非 chúfēi
(连) …しない限り…しない

资格 zīgé
(名) 資格

观念 guānniàn
(名) 観念、思想

梦想 mèngxiǎng
(名) 妄想、夢想

项 xiàng
(量) 事物の種類・
項目を数える

话题 huàtí
(名) 話題

称赞 chēngzàn
(动) 称賛する、
ほめたたえる

的确 díquè
(副) 確かに

事物 shìwù
(名) 事物、物事

难免 nánmiǎn
(形) 免れがたい、
避けられない

轻易 qīngyì
(副 / 形) 容易に、簡単に /
軽々しい、たやすい

拥挤 yōngjǐ
(动 / 形) (人や車などが)
押し合う / 込み合っている

吵 chǎo
(形) 騒がしい、
やかましい

星级酒店平民化

面对新冠疫情，东京的酒店入住率走低的＿＿＿＿＿一直在＿＿＿＿＿。大多数酒店都＿＿＿＿＿着客人减少的问题。一些酒店甚至＿＿＿＿＿着倒闭的危险。

最近，为了促进酒店入住率，改变生意＿＿＿＿＿的现状，＿＿＿＿＿东京都新宿区的一家酒店推出了长期入住型服务。如果＿＿＿＿＿在酒店入住一个月的话，仅仅需要花费21万日元，这个价格远远低于＿＿＿＿＿的入住费用。不仅如此，长期入住的客人还可以免费使用酒店的会议室。

入住者不用花很多钱，就能在酒店优雅的＿＿＿＿＿中＿＿＿＿＿家庭般的＿＿＿＿＿，不仅可以＿＿＿＿＿享受酒店工作人员热情＿＿＿＿＿的服务，还可以品尝酒店＿＿＿＿＿的料理。＿＿＿＿＿你很有钱，才有＿＿＿＿＿长期入住酒店的老＿＿＿＿＿因此得到了改变，普通人把高级酒店作为生活场所已经不再是＿＿＿＿＿。

这＿＿＿＿＿服务成为了最近的新＿＿＿＿＿，大部分人对酒店的这一举动表示＿＿＿＿＿，觉得＿＿＿＿＿是一个好办法。但是，每个新＿＿＿＿＿的出现都＿＿＿＿＿会有反对意见，不赞成这项服务的人表示，不管是谁都可以＿＿＿＿＿长期入住酒店的话，酒店的高级程度会受到影响，入住者的素质也让人感到担心。另外，用餐处会比以往＿＿＿＿＿，以致用餐环境变＿＿＿＿＿。

虽然有反对的声音，但大部分人都对能长期入住高级酒店怀着期待。

❶ 赤いシートを当てて、本文を見ながら聞き、見えない箇所の単語をチェックしてください。
❷ 赤いシートを外して、本文を見ながら聞き、聞き取った単語が合っているか、確認してください。
❸ 本文を見ないで聞き、全体の意味が把握できるか確認してください。

星级酒店平民化

面对新冠疫情，东京的酒店入住率走低的趋势一直在持续。大多数酒店都面临着客人减少的问题。一些酒店甚至存在着倒闭的危险。

最近，为了促进酒店入住率，改变生意清淡的现状，位于东京都新宿区的一家酒店推出了长期入住型服务。如果连续在酒店入住一个月的话，仅仅需要花费 21 万日元，这个价格远远低于通常的入住费用。不仅如此，长期入住的客人还可以免费使用酒店的会议室。

入住者不用花很多钱，就能在酒店优雅的气氛中感受家庭般的温暖，不仅可以充分享受酒店工作人员热情亲切的服务，还可以品尝酒店地道的料理。除非你很有钱，才有资格长期入住酒店的老观念因此得到了改变，普通人把高级酒店作为生活场所已经不再是梦想。

这项服务成为了最近的新话题，大部分人对酒店的这一举动表示称赞，觉的确是一个好办法。但是，每个新事物的出现都难免会有反对意见，不赞成这项服务的人表示，不管是谁都可以轻易长期入住酒店的话，酒店的高级程度会受到影响，入住者的素质也让人感到担心。另外，用餐处会比以往拥挤，以致用餐环境变吵。

虽然有反对的声音，但大部分人都能对长期入住高级酒店怀着期待。

高級ホテルの大衆化

　コロナ禍に直面して、東京のホテルの客室稼働率は下降の傾向がずっと続いている。大多数の
ホテルが客の減少という問題に直面している。一部のホテルには倒産の危機さえもある。

　最近、ホテルの客室稼働率を上げ、商売が思わしくない現状を改善するために、東京都新宿区
のあるホテルでは長期宿泊プランを打ち出した。1か月通して宿泊しても、費用はわずか21万円
しかかからない。この価格は通常の宿泊費より遥かに安い。しかも、長期の宿泊客はホテルの会
議室を無料で使用できる。

　宿泊者は多額の金を使うことなく、ホテルの優雅な雰囲気の中で家庭にいるような暖かさを感じ
られ、従業員の心のこもったサービスを十分に受けられ、そればかりか、ホテルが提供する本場
の料理も味わえる。お金をたくさん持っていない限り、長期宿泊の資格がないという古い観念はこ
れによって変化してしまい、普通の人が高級ホテルを生活の場とするのはもう夢ではないのだ。

　このサービスは最近話題になっており、大部分の人がホテルのこの動きを称賛し、確かに良い
方法であると思っている。しかし、どのような新しい事柄の出現にも反対意見が出ることは避けら
れない。このサービスに賛成しない人は、誰でも容易にホテルに長期宿泊できるとしたら、ホテル
の（高級な）レベルに影響が出るはずだ、宿泊者のレベルも心配だと主張した。そのうえ、食事
をする所も以前より込み合い、（その環境が）うるさくなってしまった。

　反対の声はあるものの、大部分の人は長期間、高級ホテルに宿泊できることに期待を寄せている。

不会笑的老师 笑わない教師 061

[STEP 1] 今日習得すべき単語を、聞き取れるまで繰り返し聞いてください。

媒体 méitǐ
（名）メディア

期间 qījiān
（名）期間、間

深刻 shēnkè
（形）深い

录取 lùqǔ
（动）採用する、採る

逗 dòu
（动）あやす、からかう

严肃 yánsù
（形）（表情や雰囲気などが）
厳粛である、厳かである

坚决 jiānjué
（形）断固としている

绝对 juéduì
（副）絶対に、必ず、きっと

地位 dìwèi
（名）地位、立場

吓 xià
（动）脅かす、びっくりさせる

发抖 fādǒu
（动）震える

健身 jiànshēn
（动）健康な体を作る、
体を鍛える

耽误 dānwu
（动）遅らせる、滞らせる

辅导 fǔdǎo
（动）指導する、補習をする

落后 luòhòu
（形）後れている、
落伍している

摘 zhāi
（动）取る、はずす、脱ぐ

微笑 wēixiào
（名）微笑、ほほえみ

忍不住 rěn bú zhù
辛抱できない、たまらない

流泪 liúlèi
（动）涙を流す

从而 cóng'ér
（连）従って、これによって

达到 dádào
（动）達する、到達する

不会笑的老师

　　最近，新闻_____报道了一位不会笑的老师，让人非常感动。他的名字叫伊藤诚，是北九州市八幡东区九州国际大学高中的老师，在过去18年的上课_____，他一直坚持在学生面前不松驰面部表情，是远近闻名的不会笑的老师。

　　起因是在一次毕业典礼上，一个未能考上志愿学校的男生说了一句让他印象_____的话："如果老师再严格一点，我可能就被_____了。"第二年，他发誓在自己和学生之间划了一道分界线：即使是学生们_____乐开玩笑，他也保持着_____的表情，_____不笑。他妻子说，只要他一出门，就会变得面无表情。

　　他知道老师处于_____强势的_____。如果他大喊大叫，_____得学生_____，学生们会听话，但如果学生们不是打心眼儿里服气，就没有起到教育的目的。

　　他给班级定下了三年不迟到、不旷课的目标，他自己每天早早起来跑10公里_____。为的是有一个能坚守岗位的好身体。他从来没有因为感冒而_____过课时，考试期间，他还利用周末时间_____成绩_____的学生学习。他的诚意传达给了学生，越来越多的人想上他的课，他成为了以考取难关大学为目标的尖子生班最年轻的班主任。

　　只有在毕业典礼上，他才会_____下"无表情的面具"。当他第一次对学生露出_____时，"大多数学生都会愣住"，还有的学生在看到老师的笑容时，_____了。

　　直到这时，同学们才明白，原来，老师不是不会笑，而是用"不笑"这种方式来严格要求学生，_____ _____提高学生学习成绩的目的。

❶ 赤いシートを当てて、本文を見ながら聞き、見えない箇所の単語をチェックしてください。
❷ 赤いシートを外して、本文を見ながら聞き、聞き取った単語が合っているか、確認してください。
❸ 本文を見ないで聞き、全体の意味が把握できるか確認してください。

不会笑的老师

最近，新闻媒体报道了一位不会笑的老师，让人非常感动。他的名字叫伊藤诚，是北九州市八幡东区九州国际大学高中的老师，在过去 18 年的上课期间，他一直坚持在学生面前不松驰面部表情，是远近闻名的不会笑的老师。

起因是在一次毕业典礼上，一个未能考上志愿学校的男生说了一句让他印象深刻的话：“如果老师再严格一点，我可能就被录取了。”第二年，他发誓在自己和学生之间划了一道分界线：即使是学生们逗乐开玩笑，他也保持着严肃的表情，坚决不笑。他妻子说，只要他一出门，就会变得面无表情。

他知道老师处于绝对强势的地位。如果他大喊大叫，吓得学生发抖，学生们会听话，但如果学生们不是打心眼儿里服气，就没有起到教育的目的。

他给班级定下了三年不迟到、不旷课的目标，他自己每天早早起来跑 10 公里健身。为的是有一个能坚守岗位的好身体。他从来没有因为感冒而耽误过课时，考试期间，他还利用周末时间辅导成绩落后的学生学习。他的诚意传达给了学生，越来越多的人想上他的课，他成为了以考取难关大学为目标的尖子生班最年轻的班主任。

只有在毕业典礼上，他才会摘下“无表情的面具”。当他第一次对学生露出微笑时，“大多数学生都会愣住”，还有的学生在看到老师的笑容时，忍不住流泪了。

直到这时，同学们才明白，原来，老师不是不会笑，而是用“不笑”这种方式来严格要求学生，从而达到提高学生学习成绩的目的。

笑わない教師

　最近、メディアが笑わない教師を報道したが、非常に感動的だった。その人は名前を伊藤誠といい、北九州市八幡東区にある九州国際大学付属高校の教師である。18年間、授業を行ってきた中で、彼は生徒の前ではずっと表情を緩めないことを守り通してきた。彼は笑わない教師としてその名が知れわたっている。

　そのきっかけはある年の卒業式で志望校に受からなかった男子生徒が語った、彼にとって印象深い言葉だった。「もし先生がもう少し厳しかったら僕は受かったかもしれない」と言ったのだ。翌年、彼は自分と生徒の間に一線を引こうと誓った。たとえ、生徒達がからかって冗談を言っても、彼は厳しい表情をしたまま、断固として笑わなかった。彼の妻は、彼は一たび家を出るとその瞬間顔が無表情になると言う。

　教師は絶対的に優位な立場にあると彼は分かっていた。もし、彼が大きな声で怒鳴ったら生徒たちはびっくりして震えあがり、言うことを聞く。だが、生徒たちが心から納得しなければ教育の目的は果たせないのである。

　彼はクラスの生徒に対し3年間遅刻しない、欠席しないという目標を与えた。彼自身は毎日早起きして、10キロ走り体を鍛えた。職務をしっかり守る健康な体を作るためである。彼は風邪のために授業を遅らせたことは一度もなかった。受験シーズンになると、彼は週末の時間を利用して成績が後れている生徒に補習も行った。彼の誠意が生徒に伝わり、ますます多くの人が彼の授業を受けたいと思うようになり、彼は難関大学を目指す最優秀クラスを受け持つ一番若い担任となった。

　卒業式の時だけは「無表情の仮面」を脱いだ。彼が初めて生徒にほほえみを見せた時、「多くの生徒は唖然としてしまう」、中には先生の笑顔を見て思わず涙を流す生徒もいた。

　その時、生徒たちはやっと気付くのだ。先生は元々笑わないのではなく、「笑わない」という方法で、生徒に厳しく要求し、そうして生徒の成績向上という目的を達成していたということに。

不要盲目减肥 盲目的なダイエットはいけない ⑥⑥③

[STEP 1] 今日習得すべき単語を、聞き取れるまで繰り返し聞いてください。

以及 yǐjí
(连) および、並びに

风险 fēngxiǎn
(名) リスク、危険

追求 zhuīqiú
(动) 追求する

限制 xiànzhì
(动) 制限する

克 kè
(量) グラム

价值 jiàzhí
(名) 価値

纷纷 fēnfēn
(副) 次から次へと

模仿 mófǎng
(动) まねる、模倣する

行为 xíngwéi
(名) 行為

角色 juésè
(名) 役、役柄

好奇 hàoqí
(形) 好奇心が強い、
もの好きである

导演 dǎoyǎn
(名) 映画監督

凭 píng
(介) …で、…によって

自觉 zìjué
(动 / 形) 自覚する / 自覚がある、
主体的である

恢复 huīfù
(动) 回復する

闪电 shǎndiàn
(名) 稲妻

冒险 màoxiǎn
(动) 冒険する

不要盲目减肥

减肥，本来是为防止内脏脂肪过多，体脂率过高，降低患冠心病＿＿＿＿糖尿病的＿＿＿＿。可是现在大多数减肥的人并不肥，为了＿＿＿＿瘦，这也不吃那也不吃，长期＿＿＿＿饮食，按＿＿＿＿来计算饭量，导致营养不良，减出一身病来，这样减肥有什么＿＿＿＿呢？

很多人羡慕当演员的人脸小、腰细，就＿＿＿＿ ＿＿＿＿演员们的减肥＿＿＿＿，但是人家减肥是因为工作需要，你减肥的目的是什么呢？

我有个当演员的朋友，有一次约在咖啡店见面，发现她瘦了很多。她说在拍电影，为了电影中的＿＿＿＿不得不瘦身，还说需要保持着瘦，直到整部电影拍完，因为在电影里你得是"同一个人"。我＿＿＿＿地问："每次拍完，＿＿＿＿都会提醒不要吃胖吗？"她回答说从来没人提醒，都是＿＿＿＿ ＿＿＿＿。但她并不想一直瘦，说等电影一拍完，就＿＿＿＿正常吃喝。

这种为工作减肥的人，我能理解，但那些工作和体型无关，体重又正常的人，每天饿着不吃饭，这种做法就不能让人赞成了。有人会说，我是在为美丽减肥，但是一个饿得脸色发黄的人，怎么能美丽呢？

我最近和一位漂亮朋友去吃饭，每道菜一上来，就＿＿＿＿般被吃光，最后又加了一碗牛肉面，朋友吃完最后一口，用纸巾擦擦嘴，满足地说："真是太香了。"

她这么能吃，却一点儿都不胖。看，真正美丽又健康的人，都不会＿＿＿＿去盲目减肥的。

不要盲目减肥

　　减肥，本来是为防止内脏脂肪过多，体脂率过高，降低患冠心病以及糖尿病的风险。可是现在大多数减肥的人并不肥，为了追求瘦，这也不吃那也不吃，长期限制饮食，按克来计算饭量，导致营养不良，减出一身病来，这样减肥有什么价值呢？

　　很多人羡慕当演员的人脸小、腰细，就纷纷模仿演员们的减肥行为，但是人家减肥是因为工作需要，你减肥的目的是什么呢？

　　我有个当演员的朋友，有一次约在咖啡店见面，发现她瘦了很多。她说在拍电影，为了电影中的角色不得不瘦身，还说需要保持着瘦，直到整部电影拍完，因为在电影里你得是"同一个人"。我好奇地问："每次拍完，导演都会提醒不要吃胖吗？"她回答说从来没人提醒，都是凭自觉。但她并不想一直瘦，说等电影一拍完，就恢复正常吃喝。

　　这种为工作减肥的人，我能理解，但那些工作和体型无关，体重又正常的人，每天饿着不吃饭，这种做法就不能让人赞成了。有人会说，我是在为美丽减肥，但是一个饿得脸色发黄的人，怎么能美丽呢？

　　我最近和一位漂亮朋友去吃饭，每道菜一上来，就闪电般被吃光，最后又加了一碗牛肉面，朋友吃完最后一口，用纸巾擦擦嘴，满足地说："真是太香了。"

　　她这么能吃，却一点儿都不胖。看，真正美丽又健康的人，都不会冒险去盲目减肥的。

盲目的なダイエットはいけない

ダイエットは、元々内臓脂肪の過多、体脂肪率の過剰な上昇を防ぎ、冠状動脈心疾患や糖尿病発症のリスクを下げるためのものである。しかし、今、ダイエットをする大多数の人はそれほど太っていないのに、スリムになりたいために、これも食べない、あれも食べないと、長期にわたって飲食を制限し、グラム単位で食事の量を計算する。そして栄養不良に陥り、ダイエットをしたために全身の病気を引き起こす。このようなダイエットに何の価値があるのだろうか。

多くの人は俳優の顔が小さく、腰が細いことに憧れ、次々とそのダイエットのやり方をまねる。しかし、俳優たちのダイエットは仕事上必要なためだが、あなたのダイエットは何のため?

私には俳優の友達がいるが、ある時喫茶店で会った。その時、彼女がすっかり痩せたことに気づいた。彼女は映画の撮影中で役柄のためにダイエットをしなければならないのだと言った。しかも、スクリーンの中では役柄と「同一人物」でなければならないので、映画の撮影が全て終わるまでずっとスリムでいなければならないのだとも言った。私は興味本位で尋ねてみた。「毎回撮影が終わると監督は太らないようにしなさいと注意するの」と。彼女は、今まで注意する人は誰もいなかった。すべて自覚によると答えた。しかし、彼女は決してずっと痩せていたいのではなく、撮影が終わったら正常な飲食を取り戻すと言う。

このように仕事のために、ダイエットをする人は、私は理解できる。だが、仕事が体型に関係せず、しかも、正常な体重の人が、毎日お腹を空かせながらご飯を食べないというこのやり方には賛成できない。美しくなるためにダイエットをしていると言う人がいる。しかし、お腹が空いて顔色が黄ばんでいる人がどうやって美しくなるというのだろう?

私は最近美人の友達と食事をしに行った。料理が出揃ったとたん、まるで稲妻が走るような速さですっかり食べ尽くされてしまった。しかも、最後に牛肉麺を一杯追加した。その友達は最後の一口を食べてしまうと、ティッシュで口を拭きながら、満足そうに「本当に美味しかったわ」と言った。

彼女はこんなによく食べるのに、少しも太っていない。ほら、本当に美しくて健康な人は危険を冒してまで盲目的なダイエットをすることはないのだ。

离婚冷静期 離婚は冷静に 065

[STEP 1] 今日習得すべき単語を、聞き取れるまで繰り返し聞いてください。

离婚 líhūn
（动）離婚する

政府 zhèngfǔ
（名）政府、行政機関

状态 zhuàngtài
（名）状態

理由 lǐyóu
（名）理由

客观 kèguān
（形）客観的である

所 suǒ
（助）他動詞の前に用い、
名詞句を作る
…するところの（もの）

矛盾 máodùn
（名 / 形）矛盾 /
矛盾している

改善 gǎishàn
（动）改善する

冷淡 lěngdàn
（形）冷淡である、
無愛想である

避免 bìmiǎn
（动）避ける、免れる、
防止する

立即 lìjí
（副）直ちに、即座に

办理 bànlǐ
（动）取り扱う、処理する

手续 shǒuxù
（名）手続き

对方 duìfāng
（名）相手

毛病 máobìng
（名）欠点、よくない癖

与其 yǔqí
（连）…よりも（むしろ）
…のほうが…

不如 bùrú
（动）…に及ばない

睁 zhēng
（动）目をあける、
目を見張る

观察 guānchá
（动）観察する

老婆 lǎopo
（名）女房、妻

培养 péiyǎng
（动）養成する、育成する

醋 cù
（名）酢

空间 kōngjiān
（名）空間

浓 nóng
（形）濃い

疲劳 píláo
（形）疲れた、疲労している

墙 qiáng
（名）壁

合影 héyǐng
（动）何人かでいっしょに
写真を写す、一同で写真
を撮る

激烈 jiliè
（形）激烈である、激しい

战争 zhànzhēng
（名）戦争

轮流 lúnliú
（动）かわるがわる…する、
順番に…する

后果 hòuguǒ
（名）結果、
悪い結果をいう

巨大 jùdà
（形）巨大である、
非常に大きい

极其 jíqí
（副）きわめて

伤害 shānghài
（动）害する、傷つける

可见 kějiàn
（连）…から…であることが
わかる

[STEP 2] STEP1 の単語を上から順番に、発音しながら＿＿＿＿＿＿＿に書き入れてください。

＿＿＿＿＿＿＿冷静期

　　离婚冷静期是＿＿＿＿＿＿＿要求离婚双方暂时分开 30 天，在冷静的＿＿＿＿＿＿＿下考虑离婚的＿＿＿＿＿＿＿是什么，以及是不是真要离婚。

　　这一法律的实施能让两个人＿＿＿＿＿＿＿分析双方＿＿＿＿＿＿＿面临的问题，以达到缓解＿＿＿＿＿＿＿，＿＿＿＿＿＿＿夫妻之间＿＿＿＿＿＿＿关系的目的。＿＿＿＿＿＿＿在冲动之下，＿＿＿＿＿＿＿＿＿＿＿＿＿＿离婚＿＿＿＿＿＿＿。

　　其实离婚冷静期只是一种没办法的办法，在走到这一步以前，每一个人在谈婚论嫁时，都应该谨慎。因为出身和成长环境完全不同的人如果生活在一起，难免会发现＿＿＿＿＿＿＿有这样或那样的＿＿＿＿＿＿＿。＿＿＿＿＿＿＿等到办完结婚手续后再后悔，＿＿＿＿＿＿＿在婚前＿＿＿＿＿＿＿大眼睛，好好＿＿＿＿＿＿＿对方是不是适合当自己的＿＿＿＿＿＿＿或丈夫。

　　而结婚后＿＿＿＿＿＿＿感情就变得很重要，因为过日子离不开油盐酱＿＿＿＿＿＿＿，每天生活在同一个＿＿＿＿＿＿＿中，这些小事情会渐渐让婚前的浪漫不再那么＿＿＿＿＿＿＿，夫妻两个人都会感到一种＿＿＿＿＿＿＿，＿＿＿＿＿＿＿上挂的结婚＿＿＿＿＿＿＿照里的笑容不知从什么时候起消失了，甚至有时还会发生＿＿＿＿＿＿＿的"＿＿＿＿＿＿＿"。所以平时夫妻俩应该多会话交谈、＿＿＿＿＿＿＿做家务等，让感情保持新鲜。

　　真到了要离婚的时候，就需要冷静地考虑＿＿＿＿＿＿＿，不能冲动。因为离婚不仅会给双方的心理造成＿＿＿＿＿＿＿的压力，而且会给孩子带去＿＿＿＿＿＿＿严重的＿＿＿＿＿＿＿。据说离婚冷静期实施后，有 60% 的夫妻放弃了离婚，＿＿＿＿＿＿＿，大多数人想离婚，还是因为一时冲动。

❶ 赤いシートを当てて、本文を見ながら聞き、見えない箇所の単語をチェックしてください。
❷ 赤いシートを外して、本文を見ながら聞き、聞き取った単語が合っているか、確認してください。
❸ 本文を見ないで聞き、全体の意味が把握できるか確認してください。

离婚冷静期

　　离婚冷静期是政府要求离婚双方暂时分开 30 天，在冷静的状态下考虑离婚的理由是什么，以及是不是真要离婚。

　　这一法律的实施能让两个人客观分析双方所面临的问题，以达到缓解矛盾，改善夫妻之间冷淡关系的目的。避免在冲动之下，立即办理离婚手续。

　　其实离婚冷静期只是一种没办法的办法，在走到这一步以前，每一个人在谈婚论嫁时，都应该谨慎。因为出身和成长环境完全不同的人如果生活在一起，难免会发现对方有这样或那样的毛病。与其等到办完结婚手续后再后悔，不如在婚前睁大眼睛，好好观察对方是不是适合当自己的老婆或丈夫。

　　而结婚后培养感情就变得很重要，因为过日子离不开油盐酱醋，每天生活在同一个空间中，这些小事情会渐渐让婚前的浪漫不再那么浓，夫妻两个人都会感到一种疲劳，墙上挂着的结婚合影照里的笑容不知从什么时候起消失了，甚至有时还会发生激烈的"战争"。所以平时夫妻俩应该多会话交谈、轮流做家务等，让感情保持新鲜。

　　真到了要离婚的时候，就需要冷静地考虑后果，不能冲动。因为离婚不仅会给双方的心理造成巨大的压力，而且会给孩子带去极其严重的伤害。据说离婚冷静期实施后，有 60% 的夫妻放弃了离婚，可见，大多数人想离婚，还是因为一时冲动。

離婚は冷静に

　離婚を冷静に考える期間とは、離婚する双方が一時的に 30 日間離れてみて、冷静な状態で離婚の理由は何なのか、そして本当に離婚するのかを考えてみるよう政府が求めるものである。

　この法律の実施によって、二人が客観的にそれぞれの直面している問題を分析し、矛盾を和らげ、夫婦間の冷たい関係を改善するという目的を達成することが可能となる。衝動に駆られた状態で、直ちに離婚手続きを行うことを避けるのである。

　実は離婚を冷静に考える期間はやむを得ない方法であり、ここまでになる前に、人は誰もが結婚を考えた時に、慎重になるべきなのだ。出身や育った環境が全く異なる人が一緒に生活することになると、相手にこんな欠点、あんな悪い癖があると気づきがちである。婚姻届を出してから後悔するより、結婚前に目を大きく見開いて相手が自分に合う妻であるか夫であるかをしっかり観察したほうがいい。

　そして、結婚した後は、愛情を育むことがとても重要となる。なぜなら、油・塩・みそ・酢から離れては生活できない（日常生活を送るには必須の要素がある）からだ。毎日同じ空間で生活していると、こういった細々としたことのために、結婚前のロマンチックな気持ちは次第にそれほど濃いものではなくなり、夫婦が共にある種の疲労を感じ、壁に掛けてある結婚写真の中の笑顔はいつの間にか消えてしまい、ひいては時に激しい「戦争」が起きることさえある。だから普段から夫婦二人はどんどん語り合い、交替で家事などを分担し、愛情の新鮮さを保つべきである。

　離婚することになっても、冷静に結果を考えることが必要で、衝動に駆られてはいけない。なぜなら離婚は双方の気持ちに非常に大きなプレッシャーをかけるだけではなく、子供にもきわめて深刻な傷を与えるからである。離婚を冷静に考える期間が実施されると、60%の夫婦が離婚を諦めたという。このことから、大多数の人が離婚したいと思うのはやはり一時の衝動によるものだったことがわかる。

和吃有关的名句 食に関わる名言 067

[STEP 1] 今日習得すべき単語を、聞き取れるまで繰り返し聞いてください。

悠久 yōujiǔ
（形）悠久である、
はるかに久しい

老百姓 lǎobǎixìng
（名）庶民、平民

根本 gēnběn
（副）根本的に、完全に

海鲜 hǎixiān
（名）海の珍味、海産物

指导 zhǐdǎo
（动）指導する

煮 zhǔ
（动）煮る、炊く

烂 làn
（形）（よく煮えて）柔らかい、
煮すぎてくずれた

搞 gǎo
（动）する、やる

纪念 jìniàn
（动）記念する

原料 yuánliào
（名）原料

此外 cǐwài
（连）このほかに、それ以外に

应用 yìngyòng
（动）使用する、活用する、
用いる

消化 xiāohuà
（动）消化する

再三 zàisān
（副）何度も、再三

首 shǒu
（量）詩や歌を数える（首）

转变 zhuǎnbiàn
（动）変わる、転換する

用途 yòngtú
（名）用途

和吃有关的名句

中国历史＿＿＿＿，和吃有关的名言有很多，比如"民以食为天"。这句话的意思是说，＿＿＿＿把食物看作老天，也就是生活中＿＿＿＿不能离开的、最重要的东西。

"仓廪实而知礼节，衣食足而知荣辱"。这句话出自春秋时代管子，意思是粮仓充实、衣食饱暖，人们才能产生荣辱的观念。现代人丰衣足食，不知做到知荣辱了没有？

"治大国若烹小鲜"。字面意思是治理大国就像烹调美味的小菜一样。语出老子《道德经》第六十章："治大国，若烹小鲜。""小鲜"就是指小鱼等＿＿＿＿，治理、＿＿＿＿大国要像＿＿＿＿小鱼一样。不能多加搅动，多搅则易＿＿＿＿，比喻治大国应当无为。后常用来比喻简单轻松地治理国家。

"食不厌精，脍不厌细"。出自孔子《论语·乡党》。原意是指在＿＿＿＿ ＿＿＿＿先人的活动时，应选用上好的＿＿＿＿。＿＿＿＿，加工要尽可能细致，这样才能达到尽"仁"尽"礼"的意愿。现在常被＿＿＿＿在形容吃饭上，要慢慢吃才能更好地＿＿＿＿。由此引申出的意思是在阅读时应对内容＿＿＿＿品味，才是真正有意义的阅读。

历史上还有过很多吃货文人们，比如苏东坡，据说有一次，他冒雨赏牡丹，写了一＿＿＿＿诗，写到最后一句，诗风＿＿＿＿，牡丹有了新的＿＿＿＿，"故应未忍着酥煎"。意思是"我忍不住想把花摘回去用油炸了吃"。

苏东坡要是活在现代该多好，很想和这个有意思的人一起吃顿饭。

❶ 赤いシートを当てて、本文を見ながら聞き、見えない箇所の単語をチェックしてください。
❷ 赤いシートを外して、本文を見ながら聞き、聞き取った単語が合っているか、確認してください。
❸ 本文を見ないで聞き、全体の意味が把握できるか確認してください。

和吃有关的名句

中国历史悠久，和吃有关的名言有很多，比如"民以食为天"。这句话的意思是说，老百姓把食物看作老天，也就是生活中根本不能离开的、最重要的东西。

"仓廪实而知礼节，衣食足而知荣辱"。这句话出自春秋时代管子，意思是粮仓充实、衣食饱暖，人们才能产生荣辱的观念。现代人丰衣足食，不知做到知荣辱了没有？

"治大国若烹小鲜"。字面意思是治理大国就像烹调美味的小菜一样。语出老子《道德经》第六十章："治大国，若烹小鲜。""小鲜"就是指小鱼等海鲜，治理、指导大国要像煮小鱼一样。不能多加搅动，多搅则易烂，比喻治大国应当无为。后常用来比喻简单轻松地治理国家。

"食不厌精，脍不厌细"。出自孔子《论语·乡党》。原意是指在搞纪念先人的活动时，应选用上好的原料。此外，加工要尽可能细致，这样才能达到尽"仁"尽"礼"的意愿。现在常被应用在形容吃饭上，要慢慢吃才能更好地消化。由此引申出的意思是在阅读时应对内容再三品味，才是真正有意义的阅读。

历史上还有过很多吃货文人们，比如苏东坡，据说有一次，他冒雨赏牡丹，写了一首诗，写到最后一句，诗风转变，牡丹有了新的用途，"故应未忍着酥煎"。意思是"我忍不住想把花摘回去用油炸了吃"。

苏东坡要是活在现代该多好，很想和这个有意思的人一起吃顿饭。

食に関わる名言

　中国の歴史は悠久で、食と関係ある名言が多い。例えば「民以食為天（民は食を以て天と為す）」、この言葉の意味は、庶民は食をお天道さまであると見なしている、つまり、食は生活の中でどうしても切っても切れない最も大切なものであるということだ。

　「倉廩実而知礼節、衣食足而知栄辱（倉廩実ちて礼節を知り、衣食足りて栄辱を知る）」。この言葉は、春秋時代の管子によるもので、その意味は、人は穀物倉が一杯になってようやく礼節をわきまえ、衣服や食物が足りて、初めて栄誉や恥辱を知る観念が生まれるということだ。現代人は衣食が満ち足りているが、栄誉や恥辱を知っているのかどうかわからない。

　「治大国若烹小鮮」、字面では大国を統治することは美味しい料理を作ることと同じであるという意味である。出典は老子の『道徳経』第六十章の「大国を治むるは、小鮮を烹るが若し」である。「小鮮」とは小魚等の海産物を指す。大国を統治し、指導することは小魚を煮るのと同じようにあまりかき回してはいけない。余計にかき混ぜるとくずれやすくなる。大国を治めるのは無為であるべきだと諭している。後によく用いられ、単純で緩やかに国家を統治することを喩えるようになった。

　「食不厭精、膾不厭細（食は精を厭わず、膾は細きを厭わず）」。この言葉の出典は孔子の『論語・郷党』である。本来の意味は祖先を記念する行事を催す時は、最高の材料を選ぶべきであるということである。それから、できる限りきめ細かく手を加えることで「仁」を尽くし、「礼」を尽くす気持ちに到達することができるという意味になった。現在ではよく食事を形容することに用いられ、ゆっくり食べてこそ、より良い消化を促すことができるとする。ここから、書物を読む時に、内容を何度も味わうべきで、そうすることこそ本当に有意義な読み方なのであるという意味が派生した。

　歴史上、食い道楽の文人がたくさんいた。例えば蘇軾（蘇東坡）である。ある時、彼は雨の中、牡丹の花を眺めて詩を一篇書いた。その最後の一句を書いた時、詩風が一変して、牡丹の花に新しい用途が生まれた。「故応未忍着酥煎（故に応に未だ忍びず、酥を着けて煎るべし）」。意味は「我慢できず花を摘んで油で揚げて食べたい」ということである。

　蘇軾がもし現代に生きていたらどんなにいいだろうか。この面白い人と是非一度食事を共にしたいものだ。

茉莉花茶 ジャスミン茶 069

[STEP 1] 今日習得すべき単語を、聞き取れるまで繰り返し聞いてください。

种类 zhǒnglèi
（名）種類

仿佛 fǎngfú
（副）あたかも〜のようだ

闻 wén
（动）（においを）かぐ

幼儿园 yòu'éryuán
（名）幼稚園

飘 piāo
（动）漂う、ひるがえる

日常 rìcháng
（形）日常の、ふだんの

占 zhàn
（动）占める

装修 zhuāngxiū
（动）内装する

完整 wánzhěng
（形）すっかり整っている

勤奋 qínfèn
（形）勤勉である

用功 yònggōng
（形）（学習に）熱心である、
真剣である

夜 yè
（名）夜

抓紧 zhuājǐn
（动）しっかりつかむ

迅速 xùnsù
（形）迅速である

开水 kāishuǐ
（名）熱湯、湯

休闲 xiūxián
（动）のんびり過ごす

零食 língshí
（名）間食、おやつ

照常 zhàocháng
（副）平常どおり

长辈 zhǎngbèi
（名）目上の人

相处 xiāngchǔ
（动）付き合う

庆祝 qìngzhù
（动）祝う

重量 zhòngliàng
（名）重さ

柜台 guìtái
（名）カウンター、売り場

细节 xìjié
（名）細かい点、細部

逐渐 zhújiàn
（副）しだいに、だんだんと

想念 xiǎngniàn
（动）懐かしむ、懐かしがる

茉莉花茶

茶的＿＿＿＿＿有很多，北京人却最爱喝茉莉花茶。有多爱喝呢？就拿我来说吧，我生长在北京，直到出国前，除了茉莉花茶，从没喝过其他种类的茶。一提到小时候，就＿＿＿＿＿又＿＿＿＿＿到了＿＿＿＿＿老师杯子里＿＿＿＿＿出的茉莉花香气。

茉莉花茶，在北京人的＿＿＿＿＿生活中＿＿＿＿＿着很重要的一席之地。家里＿＿＿＿＿得再漂亮，书柜里要是没有放着一筒茉莉花茶叶，这个家就不＿＿＿＿＿。学生努力，＿＿＿＿＿学习到深＿＿＿＿＿时，不用问，妈妈端来的准是一杯热腾腾的花茶。出租车司机再忙，也会＿＿＿＿＿时间，＿＿＿＿＿给自己沏好一杯花茶再上路，这杯茶将不断被续上＿＿＿＿＿，然后被司机喝了又喝。周末在家＿＿＿＿＿的人们，看电视不管吃什么＿＿＿＿＿，手上＿＿＿＿＿得端着一杯花茶。有＿＿＿＿＿来家里作客，当然先要端上一杯花茶，在公司和同事＿＿＿＿＿，桌上自然少不了花茶。＿＿＿＿＿生日或升职的时候，也必有花茶相伴左右。

当年北京有很多茶店，茶叶是按＿＿＿＿＿卖的。我喜欢站在＿＿＿＿＿前，闻着满屋的茶香，看售货员忙前忙后。

南方人喝茶，有很多＿＿＿＿＿，比如先放茶叶还是先倒开水，都有一定的讲究。但北京人对花茶没有什么特别的要求，只图个香气而已。可能正因为这样，花茶在北京才会特别受欢迎吧。

现在我已＿＿＿＿＿习惯了喝乌龙茶，但时常会＿＿＿＿＿北京，想念那些喝花茶的日子。

❶ 赤いシートを当てて、本文を見ながら聞き、見えない箇所の単語をチェックしてください。
❷ 赤いシートを外して、本文を見ながら聞き、聞き取った単語が合っているか、確認してください。
❸ 本文を見ないで聞き、全体の意味が把握できるか確認してください。

茉莉花茶

　　茶的种类有很多，北京人却最爱喝茉莉花茶。有多爱喝呢？就拿我来说吧，我生长在北京，直到出国前，除了茉莉花茶，从没喝过其他种类的茶。一提到小时候，就仿佛又闻到了幼儿园老师杯子里飘出的茉莉花香气。

　　茉莉花茶，在北京人的日常生活中占着很重要的一席之地。家里装修得再漂亮，书柜里要是没有放着一筒茉莉花茶叶，这个家就不完整。学生勤奋努力，用功学习到深夜时，不用问，妈妈端来的准是一杯热腾腾的花茶。出租车司机再忙，也会抓紧时间，迅速给自己沏好一杯花茶再上路，这杯茶将不断被续上开水，然后被司机喝了又喝。周末在家休闲的人们，看电视不管吃什么零食，手上照常得端着一杯花茶。有长辈来家里作客，当然先要端上一杯花茶，在公司和同事相处，桌上自然少不了花茶。庆祝生日或升职的时候，也必有花茶相伴左右。

　　当年北京有很多茶店，茶叶是按重量卖的。我喜欢站在柜台前，闻着满屋的茶香，看售货员忙前忙后。

　　南方人喝茶，有很多细节，比如先放茶叶还是先倒开水，都有一定的讲究。但北京人对花茶没有什么特别的要求，只图个香气而已。可能正因为这样，花茶在北京才会特别受欢迎吧。

　　现在我已逐渐习惯了喝乌龙茶，但时常会想念北京，想念那些喝花茶的日子。

ジャスミン茶

　お茶の種類はたくさんあるが、北京の人はジャスミン茶を一番好む。どれくらい好きなのだろうか。私の例で言うと、私は北京で生まれ育ち、国を出る前までずっとジャスミン茶以外、他の種類のお茶を飲んだことがなかった。小さい頃のことだが、幼稚園の先生のコップから漂ってきたジャスミンの香りをかいだような気がする。

　ジャスミン茶は北京の人の日常生活の中で、欠かせないちょっとした地位を占めている。家の内装がどんなに立派でも、本棚にジャスミン茶の茶筒が置かれていなければ、この家は完璧とはいえない。学生が一生懸命努力し、深夜まで勉強に励んでいる時、お母さんが持ってくるのは聞くまでもなく決まって熱々のジャスミン茶である。タクシーの運転手はどんなに忙しくても、時間を切り詰め手早く自分が飲むためのジャスミン茶を入れてから出発する。このお茶は絶えずお湯が注ぎ足され、運転手は何杯も飲み続ける。週末、家でのんびり過ごしている人たちは、テレビを見ながら、どんなおやつを食べていてもいつものとおりジャスミン茶を一杯手に持っている。目上の人を家に招いた時、当然まずジャスミン茶を一杯出す。会社で同僚と過ごす時も机上にはもちろんジャスミン茶が欠かせない。誕生日や昇進を祝う時もジャスミン茶が必ずそばでお相手をする。

　当時、北京にはお茶屋がたくさんあり、お茶は量り売りをしていた。私は店のカウンターの前に立って、店中に漂う芳しいお茶の香りをかぎながら店員が忙しく立ち働くのを見るのが好きだった。

　南の人がお茶を飲む時は、細かなきまりがいろいろある。例えば、先にお茶の葉を入れるかそれとも先にお湯を入れるか、全て決まったこだわりがある。しかし、北京の人にはジャスミン茶に対して何か特別な要求というものはない。ただ香りを求めるだけである。おそらくこういうことだからこそ、ジャスミン茶が北京で特に歓迎されるのであろう。

　今、私は次第にウーロン茶を飲むことに慣れてきた。だが、いつも北京が恋しくなり、ジャスミン茶を飲んだあの日々が懐かしくなる。

护生画集 護生画集 071

[STEP 1] 今日習得すべき単語を、聞き取れるまで繰り返し聞いてください。

出版 chūbǎn
（動）出版する

至今 zhìjīn
（副）いまなお、現在でも

退 tuì
（動）減少する、下がる

主张 zhǔzhāng
（動）主張する

轻视 qīngshì
（動）軽視する

劝 quàn
（動）説得する、なだめる、
忠告する

充满 chōngmǎn
（動）満たす、満ちる

去世 qùshì
（動）（成人が）死ぬ、
世を去る

决心 juéxīn
（名）決心

册 cè
（量）冊

艰苦 jiānkǔ
（形）苦難に満ちている、
苦しい

幅 fú
（量）布地や絵画を数える
（枚、幅）

扶 fú
（動）支える

何况 hékuàng
（連）まして…においては
なおさらである

人类 rénlèi
（名）人類、人

损失 sǔnshī
（動 / 名）損をする /
損失、ロス

否认 fǒurèn
（動）否認する、否定する

推广 tuīguǎng
（動）押し広める、普及させる

平等 píngděng
（形）平等である

精神 jīngshén
（名）精神

尊敬 zūnjìng
（動）尊敬する

热烈 rèliè
（形）熱烈である

天真 tiānzhēn
（形）無邪気である、純真な

护生画集

护生画集是画家丰子恺和他的老师李叔同共同完成的作品。丰子恺作画，李叔同题诗。1929 年，这本书由开明书店_____，其深远的影响力_____不_____。

护生，顾名思义就是保护万物生灵，这本书_____不要_____动物的生命。_____人不要杀动物，是一本_____了人道主义思想的书。

丰子恺在李叔同_____后，下_____坚持创作护生画集的续集部分，直到他自己去世，一共完成了六_____护生画集，创作过程竟然长达四十六年，其中经历了战乱和文化大革命，作者创作过程的_____可想而知。

给我印象最深的一_____画提名为"生的扶持"，画的是一只滑倒的螃蟹，旁边有两只螃蟹去_____它。题诗写着："一蟹失足，二蟹扶持。物知慈悲，人何不如？"翻译成白话的意思是"一只螃蟹滑倒了，另外两只去扶它，动物有善良的心，更_____人，怎么能不如动物呢？"

有人说，新冠肺炎正给_____造成巨大_____，不能_____，对动物的伤害正是人类面临危机的原因之一，应该_____护生画集，让人们感受这本书传达的_____，反思过往，_____生命。

台湾女作家席慕容这样评价护生画集："一个佛教徒的温和慈悲的心肠显现到了极点，一个艺术家的_____ _____的胸怀到了最高的境界……每一笔每一句都如冬阳，让人从心里得到启示，得到温暖。"

❶ 赤いシートを当てて、本文を見ながら聞き、見えない箇所の単語をチェックしてください。
❷ 赤いシートを外して、本文を見ながら聞き、聞き取った単語が合っているか、確認してください。
❸ 本文を見ないで聞き、全体の意味が把握できるか確認してください。

护生画集

护生画集是画家丰子恺和他的老师李叔同共同完成的作品。丰子恺作画，李叔同题诗。1929 年，这本书由开明书店出版，其深远的影响力至今不退。

护生，顾名思义就是保护万物生灵，这本书主张不要轻视动物的生命。劝人不要杀动物，是一本充满了人道主义思想的书。

丰子恺在李叔同去世后，下决心坚持创作护生画集的续集部分，直到他自己去世，一共完成了六册护生画集，创作过程竟然长达四十六年，其中经历了战乱和文化大革命，作者创作过程的艰苦可想而知。

给我印象最深的一幅画提名为"生的扶持"，画的是一只滑倒的螃蟹，旁边有两只螃蟹去扶它。题诗写着："一蟹失足，二蟹扶持。物知慈悲，人何不如？"翻译成白话的意思是："一只螃蟹滑倒了，另外两只去扶它，动物有善良的心，更何况人，怎么能不如动物呢？"

有人说，新冠肺炎正给人类造成巨大损失，不能否认，对动物的伤害正是人类面临危机的原因之一，应该推广护生画集，让人们感受这本书传达的平等精神，反思过往，尊敬生命。

台湾女作家席慕容这样评价护生画集："一个佛教徒的温和慈悲的心肠显现到了极点，一个艺术家的热烈天真的胸怀到了最高的境界……每一笔每一句都如冬阳，让人从心里得到启示，得到温暖。"

護生画集

　護生画集は画家豊子愷とその師匠である李叔同が力を合わせて完成させた作品である。豊子愷が絵を描き、李叔同が絵に詩を書き入れた。1929 年、この画集は開明書店から出版され、その計り知れない影響力は今でも衰えていない。

　護生とは、文字どおり生きとし生ける物を保護するということである。この画集は動物の命を軽視してはいけないと主張している。この画集は、動物を殺してはいけないと人に忠告する人道主義思想に溢れた一書である。

　豊子愷は李叔同が亡くなると、護生画集の続編部分の創作を続けようと決心した。彼自身が亡くなるまで全部で 6 冊の護生画集を完成し、創作の過程はなんと 46 年の長きに及び、その間、戦乱と文化大革命を経験した。作者が創作の過程で味わった苦難は想像にあまりある。

　私に最も深い印象を与えた 1 枚の絵は「生的扶持（生の扶助）」と名のついたもので、描かれているのは 1 匹の滑って倒れた蟹とそばで倒れた蟹を支えている 2 匹の蟹の絵である。題詩には「1 匹の蟹が足を滑らし、2 匹の蟹がそれを支えている。動物が慈悲を知っているのに、人がどうして動物に劣ることがあるだろうか」と書かれている。口語に翻訳すると意味は「1 匹の蟹が滑って倒れた。するとほかの 2 匹が支えた。動物さえ善良な心を持っているのに、まして人なのだから動物より劣るはずはない」ということである。

　新型コロナが人類に莫大な損失をもたらしていると言う人がいる。動物に危害を加えていることがまさに人類が危機に直面している原因の一つであることは否定できない。護生画集を普及させ、人々にこの画集が伝えている平等の精神を感じ取らせ、過去を反省させ、命を尊いものと思わせなくてはならない。

　台湾の女性作家席慕容はこのように護生画集を評価している、「仏教徒の温和で慈悲深い心がこの上なく表れている。一人の芸術家の熱く純真な心が最高の境地に達している……一筆一句全てがまるで冬の太陽の如く人に真なる啓示を与え、温かさを感じさせる」と。

日本庭园 日本庭園 073

[STEP 1] 今日習得すべき単語を、聞き取れるまで繰り返し聞いてください。

豪华 háohuá
（形）豪華である

美术 měishù
（名）美術

表面 biǎomiàn
（名）表面

风景 fēngjǐng
（名）風景

鲜艳 xiānyàn
（形）あでやかで美しい

蝴蝶 húdié
（名）チョウチョウ

蜜蜂 mìfēng
（名）ミツバチ

自由 zìyóu
（形 / 名）自由である / 自由

具备 jùbèi
（动）具備する、備える

独特 dútè
（形）独特である、特有の

善于 shànyú
（动）…にたけている、
長じている

池塘 chítáng
（名）池、水だめ

表现 biǎoxiàn
（动）表現する、表れる

陆地 lùdì
（名）陸地

色彩 sècǎi
（名）色、彩り

彻底 chèdǐ
（形）徹底している

特色 tèsè
（名）特色、特徴

地毯 dìtǎn
（名）じゅうたん

摄影 shèyǐng
（动）写真を撮る、撮影する

构成 gòuchéng
（动）構成する

称 chēng
（动）…という、…と称する

象征 xiàngzhēng
（动）象徴する

配合 pèihé
（动）力を合わせる、
チームワークを取る

单纯 dānchún
（形）単純である、簡単である

日本庭园

　　日本庭园，虽然没有＿＿＿＿的布置，却像一件＿＿＿＿作品般充满魅力。不仅美在＿＿＿＿，更美在意境。当人们坐在庭园茶室喝茶时，抬头能看到窗外的＿＿＿＿，绿色的草地间有＿＿＿＿的花朵，＿＿＿＿和＿＿＿＿在风中＿＿＿＿地飞来飞去，显得特别快乐。

　　日本庭园开始于飞鸟时代，最初模仿中国和朝鲜的庭园文化，经过了奈良时代、平安时代、直到镰仓时代才＿＿＿＿了日本＿＿＿＿的庭园风格。日本庭园＿＿＿＿用石组、白砂、＿＿＿＿、树木来＿＿＿＿山川、＿＿＿＿、大海、森林和河流等自然景色。

　　日本庭园可分为三类，一是露地庭园，二是池泉庭园，三是以白砂、石组为主要＿＿＿＿的枯山水庭园。

　　日本茶道在桃山时代发展得最为＿＿＿＿，所以露地庭园的发展和完善应该在桃山时代。露地庭园最有＿＿＿＿的是有指路作用的踏脚石，在绿色的苔藓＿＿＿＿中伸向茶室，很多到过日本庭园的游客都喜欢在踏脚石上＿＿＿＿留念。

　　池泉庭园是由池塘和清泉＿＿＿＿的风景。放在池塘旁边来代替海边礁石的石块被＿＿＿＿作荒矶，还有洲滨，意思是水边的空地，＿＿＿＿着海滨的景象。

　　"枯山水"一词来自平安时代庭园经典著作《作庭记》："于无池无遣水处立石，名曰枯山水。"其特点是利用很多形状独特的石头组成石组，再＿＿＿＿白砂来布景。设计简洁，色调＿＿＿＿。

❶ 赤いシートを当てて、本文を見ながら聞き、見えない箇所の単語をチェックしてください。
❷ 赤いシートを外して、本文を見ながら聞き、聞き取った単語が合っているか、確認してください。
❸ 本文を見ないで聞き、全体の意味が把握できるか確認してください。

日本庭园

　　日本庭园，虽然没有豪华的布置，却像一件美术作品般充满魅力。不仅美在表面，更美在意境。当人们坐在庭园茶室喝茶时，抬头能看到窗外的风景，绿色的草地间有鲜艳的花朵，蝴蝶和蜜蜂在风中自由地飞来飞去，显得特别快乐。

　　日本庭园开始于飞鸟时代，最初模仿中国和朝鲜的庭园文化，经过了奈良时代、平安时代、直到镰仓时代才具备了日本独特的庭园风格。日本庭园善于用石组、白砂、池塘、树木来表现山川、陆地、大海、森林和河流等自然景色。

　　日本庭园可分为三类，一是露地庭园，二是池泉庭园，三是以白砂、石组为主要色彩的枯山水庭园。

　　日本茶道在桃山时代发展得最为彻底，所以露地庭园的发展和完善应该在桃山时代。露地庭园最有特色的是有指路作用的踏脚石，在绿色的苔藓地毯中伸向茶室，很多到过日本庭园的游客都喜欢在踏脚石上摄影留念。

　　池泉庭园是由池塘和清泉构成的风景。放在池塘旁边来代替海边礁石的石块被称作荒矶，还有洲滨，意思是水边的空地，象征着海滨的景象。

　　"枯山水"一词来自平安时代庭园经典著作《作庭记》："于无池无遣水处立石，名曰枯山水。"其特点是利用很多形状独特的石头组成石组，再配合白砂来布景。设计简洁，色调单纯。

日本庭園

　日本庭園は豪華な飾り付けはないが、まるで美術品のような魅力に満ち溢れている。その美しさは表面だけでなく、その趣の中にも現れている。人々が庭園の茶室に座ってお茶を飲む時、顔を上げると窓の外の景色が見える。緑の芝生に艶やかな花が咲き、チョウチョウとミツバチが風を受けて伸び伸びと飛び交い、ことのほか楽しげである。

　日本庭園は飛鳥時代に始まり、最初は中国と朝鮮の庭園文化を模倣し、奈良時代、平安時代を経て、鎌倉時代になってやっと日本独特の庭園スタイルを備えるようになった。日本庭園は石組、白砂、池、樹木を使って山川、陸地、海、森林や川の流れ等自然の景色を表現することに富んでいる。

　日本庭園は3種類に分けられる。露地庭園、池泉庭園、白砂、石組を主な彩りとする枯山水庭園である。

　日本の茶道は桃山時代に最も整った形に発展した。従って、露地庭園の発展と完成は桃山時代にあるというべきだ。露地庭園の最大の特色と言えるものは道を示す働きをしている飛び石である。緑の苔のじゅうたんの中を茶室へ向かって延び、日本庭園を訪れた多くの観光客はみんな飛び石の所で記念写真を撮ることが好きである。

　池泉庭園は池と清泉で構成された風景である。池のそばに設置され、海辺の岩礁に擬えられる石は荒磯と称されている。それから洲浜とは水際に突き出た砂地という意味で海辺の光景を象徴している。

　「枯山水」という言葉は、平安時代の庭園に関する古典的著作である『作庭記』の「池もなく遣り水もない所に石を立てることを名付けて『枯山水』という」から来ている。その特徴は形が独特の石を多く利用して石組を作り、それに白砂を合わせて風景の配置をすることにある。デザインが簡潔で色合いがシンプルである。

能看到整个东京的地方

東京の全てが見られる所 `075`

[STEP 1] 今日習得すべき単語を、聞き取れるまで繰り返し聞いてください。

成就 chéngjiù
（名）成就、達成

企业 qǐyè
（名）企業

俱乐部 jùlèbù
（名）クラブ

娱乐 yúlè
（动）楽しむ

体现 tǐxiàn
（动）体現する

疑问 yíwèn
（名）疑問

优势 yōushì
（名）優勢、優位

体验 tǐyàn
（动）体験する

感想 gǎnxiǎng
（名）感想

浏览 liúlǎn
（动）ざっと目を通す

老板 lǎobǎn
（名）個人商店の主人、
企業主への尊称

股票 gǔpiào
（名）株券

完美 wánměi
（形）完璧である

应付 yìngfu
（动）処理する、対処する

平衡 pínghéng
（动 / 形）均衡をとる、
バランスをとる /
釣り合いがとれている

课程 kèchéng
（名）課程

成立 chénglì
（动）創立する、設立する

投资 tóuzi
（动 / 名）投資する / 投資

咨询 zīxún
（动）情報提供する、
コンサルティングをする

总之 zǒngzhī
（连）要するに、つまり

创造 chuàngzào
（动）創造する

力量 lìliàng
（名）力、力量

赶快 gǎnkuài
（副）早く、急いで

能看到整个东京的地方

提到六本木，人们会有两个印象，一个是那里聚集了很多在事业上有_____的_____家，一个是那里有很多酒吧、_____等_____场所，前者_____着六本木的经济地位，后者体现着六本木的繁华。

这里有朝日电视台，有超级巨大的六本木中城，此外，还有森美术馆。毫无_____，这里最大的_____是可以_____登高望远的快乐。

六本木大厦 54 层的森塔楼高达 238 米，站在最高层能看到新宿，那一刻，让人_____万千。如果你没有站在森塔楼的高层_____过东京的夜景，就不能理解当年开在 38 层的活力门公司_____堀江贵文为什么一站在这里，就有一种想把大地握在手中的激情。他觉得这种感觉会令人热血沸腾。

我有一段时间在森塔楼的_____证券公司教课，学生是公司的员工，每次上课都看到他很疲劳的样子，紧张的工作和追求_____让他感到很累，我有点儿担忧他_____不过来，失去心理_____。结局是好的，不知道是否因为他也曾站在森塔楼的最高层，得到了握住大地的勇气，_____结束不久，接到他的邮件，说在印尼_____了一家_____ _____公司，要全家搬过去。收到信，我松了口气。

_____，六本木是个_____奇迹的地方，它好像有让人克服困难的_____。如果你还没去过森塔楼的最高层，那就_____上去看看吧。

❶ 赤いシートを当てて、本文を見ながら聞き、見えない箇所の単語をチェックしてください。
❷ 赤いシートを外して、本文を見ながら聞き、聞き取った単語が合っているか、確認してください。
❸ 本文を見ないで聞き、全体の意味が把握できるか確認してください。

能看到整个东京的地方

提到六本木，人们会有两个印象，一个是那里聚集了很多在事业上有成就的企业家，一个是那里有很多酒吧、俱乐部等娱乐场所，前者体现着六本木的经济地位，后者体现着六本木的繁华。

这里有朝日电视台，有超级巨大的六本木中城，此外，还有森美术馆。毫无疑问，这里最大的优势是可以体验登高望远的快乐。

六本木大厦 54 层的森塔楼高达 238 米，站在最高层能看到新宿，那一刻，让人感想万千。如果你没有站在森塔楼的高层浏览过东京的夜景，就不能理解当年开在 38 层的活力门公司老板堀江贵文为什么一站在这里，就有一种想把大地握在手中的激情。他觉得这种感觉会令人热血沸腾。

我有一段时间在森塔楼的股票证券公司教课，学生是公司的员工，每次上课都看到他很疲劳的样子，紧张的工作和追求完美让他感到很累，我有点儿担忧他应付不过来，失去心理平衡。结局是好的，不知道是否因为他也曾站在森塔楼的最高层，得到了握住大地的勇气，课程结束不久，接到他的邮件，说在印尼成立了一家投资咨询公司，要全家搬过去。收到信，我松了口气。

总之，六本木是个创造奇迹的地方，它好像有让人克服困难的力量。如果你还没去过森塔楼的最高层，那就赶快上去看看吧。

活力门公司：株式会社ライブドア

東京の全てが見られる所

六本木と言うと、人々には二つの印象があるはずだ。一つはそこには事業で業績を上げた実業家がたくさん集まっているというもの、もう一つはそこにはバー、クラブ等の娯楽施設が多いというものである。前者は六本木の経済的地位を、後者は六本木の賑やかさを具体的に示している。

ここにはテレビ朝日があり、超大型の東京ミッドタウン、そのほかに森美術館もある。疑う余地もなく、ここの最大の優位は高みに登って遠くを眺める体験ができる楽しさである。

六本木ヒルズの54階建ての森タワーは高さが238メートルあり、屋上に立つと新宿が見える。その瞬間、人にさまざまな感想をもたらす。もし、あなたが森タワーの屋上に立って東京の夜景を一望しなければ、当時、38階に株式会社ライブドアを設立したCEO堀江貴文が、なぜここに立った途端、大地を手中に収めたいという激情を抱いたのか理解できないだろう。彼はきっとこの感覚は人の血潮を沸き立たせるものだと感じたのだ。

私は一時、森タワーの証券会社で授業を担当していた。学生は会社員で授業の時、その人はいつも疲れている様子だった。忙しく完璧を求められる仕事で彼はすっかり疲れていた。私は彼が仕事を処理できず、心のバランスを失うのではないかと少し心配していた。最終的には問題なかった。彼も森タワーの屋上に立ってしっかり大地を握る勇気を得られたかどうかはわからないが、課程が終わるとまもなく、彼からメールを受け取った。そのメールでは、インドネシアで投資コンサルティング会社を設立し、一家で引っ越すことになったという。メールを受け取って、私はほっと一息ついた。

要するに、六本木は奇跡を作り出す所であり、まるで人に困難を克服させる力を持っているかのようだ。もし、まだ森タワーの屋上に行ったことがなければ、すぐに上ってみてください。

闯红灯 信号無視 077

[STEP 1] 今日習得すべき単語を、聞き取れるまで繰り返し聞いてください。

闯 chuǎng
（动）突進する

太太 tàitai
（名）奥様、奥さん

县 xiàn
（名）中国の行政単位の一
（省・自治区・直轄市・自治州・
省轄市の下に位置する）

亮 liàng
（形）明るい

晕 yūn
（动）めまいがする、
頭がくらくらする

救护车 jiùhùchē
（名）救急車

连忙 liánmáng
（副）急いで、すぐに

拦 lán
（动）遮る、停める

救 jiù
（动）救う、助ける

幸亏 xìngkuī
（副）幸いにも

碰 pèng
（动）出会う、出くわす

立刻 lìkè
（副）すぐに、直ちに

信号 xìnhào
（名）信号、合図

幸运 xìngyùn
（形）幸運である、運がよい

平安 píng'ān
（形）無事である、平安である

罚款 fákuǎn
（动 / 名）違約金を取る /
罰金、違約金

承认 chéngrèn
（动）認める、承認する

效率 xiàolǜ
（名）能率、効率

其余 qíyú
（代）あとの、ほかの

违反 wéifǎn
（动）違反する

规则 guīzé
（名）規則

承担 chéngdān
（动）（職務・責任などを）
引き受ける、担当する

委屈 wěiqu
（形 / 动）無念である、
悔しい / つらい思いをさせる

片面 piànmiàn
（形）一面的である、
一方的である

可怕 kěpà
（形）恐ろしい

提倡 tíchàng
（动）提唱する、呼びかける

＿＿＿＿红灯

　　林＿＿＿＿＿住在四川省乐山市乐山＿＿＿＿＿，有一天傍晚，天色还很＿＿＿＿＿，她正带着孩子在院子里玩儿，本来就有点儿发低烧的女儿突然＿＿＿＿＿倒了。

　　邻居们慌得＿＿＿＿＿都顾不上叫，＿＿＿＿＿ ＿＿＿＿＿车，想尽快把孩子送到 2 公里外的医院去，偏偏当时没有车愿意停下来＿＿＿＿＿人。

　　＿＿＿＿＿ ＿＿＿＿＿上出租车司机徐师傅开车路过，他见状＿＿＿＿＿停车，打开车门，让母女坐上车后，飞快地开往医院，路上遇到两次红灯＿＿＿＿＿，徐师傅都没有停车，直接开了过去。

　　孩子很＿＿＿＿＿，经过大夫治疗，＿＿＿＿＿无事。但徐师傅却收到了交警队发来的 400 元闯红灯的＿＿＿＿＿单。徐师傅＿＿＿＿＿自己那天闯了红灯，因为当时只想着怎样高＿＿＿＿＿救人，＿＿＿＿＿的事都没考虑。徐师傅表示自己＿＿＿＿＿了交通＿＿＿＿＿，应该＿＿＿＿＿责任，但觉得很＿＿＿＿＿。

　　林太太听说后，向交警部门说明了当天发生的一切，提出不应＿＿＿＿＿看待闯红灯这件事，如果没有徐师傅的帮助，结局会很＿＿＿＿＿。最终交警部门收回了对徐师傅的处罚，指出救人很好，但不＿＿＿＿＿这种做法。如果以后司机遇到同样情况，可以拨打 110，民警可以用护送、引道的方法，护送病人去医院。

❶ 赤いシートを当てて、本文を見ながら聞き、見えない箇所の単語をチェックしてください。
❷ 赤いシートを外して、本文を見ながら聞き、聞き取った単語が合っているか、確認してください。
❸ 本文を見ないで聞き、全体の意味が把握できるか確認してください。

闯红灯

　　林太太住在四川省乐山市乐山县，有一天傍晚，天色还很亮，她正带着孩子在院子里玩儿，本来就有点儿发低烧的女儿突然晕倒了。

　　邻居们慌得救护车都顾不上叫，连忙拦车，想尽快把孩子送到 2 公里外的医院去，偏偏当时没有车愿意停下来救人。

　　幸亏碰上出租车司机徐师傅开车路过，他见状立刻停车，打开车门，让母女坐上车后，飞快地开往医院，路上遇到两次红灯信号，徐师傅都没有停车，直接开了过去。

　　孩子很幸运，经过大夫治疗，平安无事。但徐师傅却收到了交警队发来的 400 元闯红灯的罚款单。徐师傅承认自己那天闯了红灯，因为当时只想着怎样高效率救人，其余的事都没考虑。徐师傅表示自己违反了交通规则，应该承担责任，但觉得很委屈。

　　林太太听说后，向交警部门说明了当天发生的一切，提出不应片面看待闯红灯这件事，如果没有徐师傅的帮助，结局会很可怕。最终交警部门收回了对徐师傅的处罚，指出救人很好，但不提倡这种做法。如果以后司机遇到同样情况，可以拨打 110，民警可以用护送、引道的方法，护送病人去医院。

信号無視

　林さんは四川省楽山市楽山県に住んでいる。ある日の夕方、空がまだ明るい時分、彼女は子供を連れて庭で遊ばせていたところ、もともと少し微熱があった娘が突然倒れた。

　近所の人たちは慌てて救急車を呼ぶ余裕さえなく、急いで車を停めて、できるだけ早く子供を2キロメートル先にある病院に送りたいと思った。あいにくその時、停まって人を救おうとする車はなかった。

　幸いにも、通りかかった徐さんの運転するタクシーに出会った。彼はこの状況を見て、すぐに車を停め、車のドアを開けて、母親と娘を乗せると、飛ぶように病院に向かって走った。途中、赤信号に二度ぶつかったが、徐さんは車を停めず、そのまま通り過ぎた。

　子供は運よく、お医者さんの治療を受けて無事だった。しかし、徐さんは交通警察隊が発行した400元の信号無視の罰金伝票を受け取ることになった。徐さんは自分がその日、赤信号を暴走したことを認めた。その時、どのように効率よく人を救うかだけを考えたため、ほかのことは何も考えられなかったのだ。徐さんは自分が交通ルールに違反したのだから、責任を取るべきではあると意思表示した。だが、とてもやりきれない気持ちだった。

　林さんはこのことを聞くと、交通警察当局に対してその日起きた事を全て説明し、赤信号を無視して暴走したこの件を一方的に取り扱うべきではない、もし徐さんの助けがなかったら結果は本当に恐ろしいことになったと申し出た。最終的に交通警察当局は徐さんへの処罰を撤回し、人を救うのはいいことだが、こういったやり方は提唱しないと指摘した。今後、もし運転手が同様の状況に遭遇したときは、110番に電話をかければ、警察が付き添って先導する方法で病人を病院に搬送することができる。

写在毕业前的话 学生の卒業にあたって 079

[STEP 1] 今日習得すべき単語を、聞き取れるまで繰り返し聞いてください。

事实 shìshí
（名）事実

试卷 shìjuàn
（名）答案用紙、問題用紙

寂寞 jìmò
（形）寂しい

朗读 lǎngdú
（动）朗読する

怀念 huáiniàn
（动）懐かしく思う

资料 zīliào
（名）資料

冰激凌 bīngjīlíng
（名）アイスクリーム

夏令营 xiàlìngyíng
（名）サマーキャンプ

等待 děngdài
（动）待つ

逃 táo
（动）逃げる

湿润 shīrùn
（形）湿っぽい、湿潤である

记忆 jìyì
（名）記憶

滴 dī
（量）しずくを数える、滴

彼此 bǐcǐ
（代）双方、両方

分别 fēnbié
（动／副）別れる／
それぞれ、別々に

挑战 tiǎozhàn
（动）挑戦する

讨价还价 tǎojià-huánjià
いろいろ条件をつける、
駆け引きをする

空闲 kòngxián
（形）暇になる、空いている

写在毕业前的话

　　我知道电影总会散场，这个＿＿＿＿＿无法改变；也知道明天有新片上映，可我说服不了自己去接受散场后的＿＿＿＿＿。我会＿＿＿＿＿温暖的座椅，怀念好吃的＿＿＿＿＿，怀念＿＿＿＿＿开演前的笑声和因感动而＿＿＿＿＿的双眼，以及落下的每一＿＿＿＿＿眼泪。

　　我知道一辈子里总会有相聚和＿＿＿＿＿，也知道明天在路口的转角处会有新的相逢。可我还是想和时光＿＿＿＿＿，让它走得慢一些。即使是过去很久，一有＿＿＿＿＿的时间，我还会想起一起做过的＿＿＿＿＿，一起＿＿＿＿＿过的课文，一起查过的＿＿＿＿＿，一起度过的＿＿＿＿＿。

　　我知道是小树总会长高，知道学成的你们总会走出校门，但我还是想从说再见的那一天＿＿＿＿＿开，因为不知道再见有多远。

　　你们是昨日的点点新绿，是明日的一树繁花。你们将行走在未来，也将长留在我的＿＿＿＿＿中。从今往后，愿我们＿＿＿＿＿珍重，愿你们勇于＿＿＿＿＿。

❶ 赤いシートを当てて、本文を見ながら聞き、見えない箇所の単語をチェックしてください。
❷ 赤いシートを外して、本文を見ながら聞き、聞き取った単語が合っているか、確認してください。
❸ 本文を見ないで聞き、全体の意味が把握できるか確認してください。

写在毕业前的话

　　我知道电影总会散场，这个事实无法改变；也知道明天有新片上映，可我说服不了自己去接受散场后的寂寞。我会怀念温暖的座椅，怀念好吃的冰激凌，怀念等待开演前的笑声和因感动而湿润的双眼，以及落下的每一滴眼泪。

　　我知道一辈子里总会有相聚和分别，也知道明天在路口的转角处会有新的相逢。可我还是想和时光讨价还价，让它走得慢一些。即使是过去很久，一有空闲的时间，我还会想起一起做过的试卷，一起朗读过的课文，一起查过的资料，一起度过的夏令营。

　　我知道小树总会长高，知道学成的你们总会走出校门，但我还是想从说再见的那一天逃开，因为不知道再见有多远。

　　你们是昨日的点点新绿，是明日的一树繁花。你们将行走在未来，也将长留在我的记忆中。从今往后，愿我们彼此珍重，愿你们勇于挑战。

学生の卒業にあたって

　映画は結局は終わる、この事実は変えることができないことを私は知っている。明日、新しい映画が上映されることも知っている。しかし、終わった後の寂しさを受け入れるよう自分を説得することができない。暖かい椅子、美味しいアイスクリーム、開演を待つ間の笑い声と感動で潤んだ両目、それから流した一粒一粒の涙を私は懐かしく思う。

　生涯のうちにはいつも集いと別れがあることを私は知っている。明日には、通りの入り口の曲がり角で新しい出会いがあることも知っている。しかし、私はやはり時間と駆け引きをして、時間が少しゆっくり過ぎてほしいと思う。たとえ遠く過ぎ去ったことであっても、暇な時間ができると、私はやはり一緒にやった試験問題、一緒に朗読した教科書（の本文）、一緒に調べた資料、一緒に過ごしたサマーキャンプのことを思い出す。

　小さな樹がいつかは高く伸びることを、学業を終えたみなさんも結局は校門を出ていくことを私は知っている。しかし、私はやはりさようならを言うその日から逃げ出したい。なぜなら再会がどれくらい先のことになるかわからないからである。

　あなた達は昨日の小さな瑞々しい新緑であり、明日の咲き誇る花である。あなた達は未来を歩み、そして長く私の記憶の中に留まるであろう。今後は、お互いを大切にし、勇敢に挑戦してほしい。

百年一开花 100年に一度咲く花 081

[STEP 1]　今日習得すべき単語を、聞き取れるまで繰り返し聞いてください。

农业 nóngyè
（名）農業

呆 dāi
（形）ぼんやりしている、
ぼかんとしている

屋子 wūzi
（名）部屋

土地 tǔdì
（名）土地

家乡 jiāxiāng
（名）ふるさと

厘米 límǐ
（量）センチメートル

朵 duǒ
（量）花や雲、またはそれに
似たものを数える

天空 tiānkōng
（名）空、大空

问候 wènhòu
（动）あいさつをする

胸 xiōng
（名）胸

年纪 niánjì
（名）年齢、年

吹 chuī
（动）（風や空気などが）
吹きつける

晒 shài
（动）（太陽の光が）当たる

议论 yìlùn
（动）議論する

运气 yùnqi
（名）運、運命

地区 dìqū
（名）地区、地方

盼望 pànwàng
（动）待ち望む、切に希望する

平静 píngjìng
（形）（心などが）平静である

百年一开花

　　87 岁的萩原住在神奈川县，以＿＿＿＿为生。此时，他正＿＿＿＿望着 71 年前亲手在自家＿＿＿＿前的＿＿＿＿上种下的龙舌兰花。 时光回到 1950 年，那时他还是＿＿＿＿平冢农业高中一年级的学生。某日，从学校领到了一棵 30 ＿＿＿＿长的植物，并将其种在自家院门后。据说这种植物每 50 至 100 年才开一次花，除了用来观赏，这花还有制作龙舌兰酒的用途。

　　时光飞速走过 71 个年头，到了 5 月初，花的树干突然向上长到了 7.5 米，并一口气开出了 30 多＿＿＿＿花。在蓝色的＿＿＿＿下，每一朵花都像在＿＿＿＿萩原。＿＿＿＿中感慨万分的萩原说，他活到了这个＿＿＿＿，才看到了这么漂亮的花。

　　这棵植物经过了 71 年的风＿＿＿＿日＿＿＿＿，终于开出美丽的花朵，大家都在＿＿＿＿这件事。人们觉得萩原的＿＿＿＿太好了。在英语中，用"世纪植物"来称呼这种花，因为它每 100 年才开一次，但实际上，它在热带＿＿＿＿平均 10 至 20 年就会开花，在日本则是 30 至 50 多年不等。

　　我希望萩原在 71 年中没有等待过花开。如果他一直在等，那么他一生会过得很辛苦，就算等来花开又怎样呢？正因为不等待不＿＿＿＿，＿＿＿＿地过好了自己的 71 个春天，最后和花的碰面才会让人万分欣喜吧。

❶ 赤いシートを当てて、本文を見ながら聞き、見えない箇所の単語をチェックしてください。
❷ 赤いシートを外して、本文を見ながら聞き、聞き取った単語が合っているか、確認してください。
❸ 本文を見ないで聞き、全体の意味が把握できるか確認してください。

百年一开花

　　87 岁的萩原住在神奈川县，以农业为生。此时，他正呆望着 71 年前亲手在自家屋子前的土地上种下的龙舌兰花。时光回到 1950 年，那时他还是家乡平冢农业高中一年级的学生。某日，从学校领到了一棵 30 厘米长的植物，并将其种在自家院门后。据说这种植物每 50 至 100 年才开一次花，除了用来观赏，这花还有制作龙舌兰酒的用途。

　　时光飞速走过 71 个年头，到了 5 月初，花的树干突然向上长到了 7.5 米，并一口气开出了 30 多朵花。在蓝色的天空下，每一朵花都像在问候萩原。胸中感慨万分的萩原说，他活到了这个年纪，才看到了这么漂亮的花。

　　这棵植物经过了 71 年的风吹日晒，终开出美丽的花朵，大家都在议论这件事。人们觉得萩原的运气太好了。在英语中，用"世纪植物"来称呼这种花，因为它每 100 年才开一次，但实际上，它在热带地区平均 10 至 20 年就会开花，在日本则是 30 至 50 多年不等。

　　我希望萩原在 71 年中没有等待过花开。如果他一直在等，那么他一生会过得很辛苦，就算等来花开又怎样呢？正因为不等待不盼望，平静地过好了自己的 71 个春天，最后和花的碰面才会让人万分欣喜吧。

100年に一度咲く花

　87歳になる荻原さんは神奈川県に住んでいて、農業で暮らしを立てている。この時、彼は71年前に、自宅前の土地に自ら植えたリュウゼツラン（竜舌蘭）の花をぼんやりと眺めていた。時代は1950年に戻る。その当時、彼はまだ故郷の平塚農業高校1年の生徒だった。ある日、学校から高さ30センチほどの植物をもらって来て、自宅の庭の門の内側に植えた。この植物は50年から100年の間にたった一度だけ花を咲かせ、花を楽しめるほか、テキーラを作る用途もあるそうだ。

　あっという間に71年が過ぎ、5月の初めに花の幹が突然7.5メートルにまで伸びた。そしていっせいに30輪余りの花が咲いた。青空の下、一輪一輪の花が荻原さんに挨拶をしているようだった。荻原さんはとても感慨深そうに、この年になってやっとこんなに美しい花を見ることができたと話した。

　この植物は71年、風に吹かれ日に晒されて、ついに美しい花を咲かせた。人々はこのことについて意見を述べた。みんな荻原さんはたいへん運が良いと思っている。英語では「世紀植物」とこの花を呼んでいる。それは100年でやっと一度咲くからである。ただ実際は、熱帯地方では平均10年から20年で花が咲くが、日本では30年から50年余りと、まちまちである。

　荻原さんは71年間花が咲くのを待っていなかった、私はそうあってほしいと思っている。もし、彼がずっと待っていたとしたら彼の一生は辛かったはずである。たとえ花が咲くのを迎えたってどうなるものでもない。待っていなかった、望んでいなかったからこそ、心静かに自分の71回の春を過ごせたのだ。そして最後に花と出会い、やっと人を大いに喜ばせたのであろう。

不老的女性 老けない女性 083

[STEP 1] 今日習得すべき単語を、聞き取れるまで繰り返し聞いてください。

冻 dòng
(动) 凍る、氷結する

妇女 fùnǚ
(名) 女性、婦人

贡献 gòngxiàn
(名) 貢献、寄与

高档 gāodàng
(形) 高級の、上等の

产品 chǎnpǐn
(名) 生産品、製品

保留 bǎoliú
(动) 保つ、とどめる

对比 duìbǐ
(动) 対比する、
比較する

差别 chābié
(名) 違い、区別

鼓掌 gǔzhǎng
(动) 拍手する

光滑 guānghuá
(形) つるつるしている

粗糙 cūcāo
(形) きめが粗い、
ざらざらしている

刺激 cìjī
(动) 刺激する

干燥 gānzào
(形) 乾燥している、
乾いている

规律 guīlǜ
(名) 法則、規則

固定 gùdìng
(动) 固定する

爱惜 àixī
(动) 大切にする、
大事にする

丑 chǒu
(形) 醜い、見苦しい

财产 cáichǎn
(名) 財産

妨碍 fáng'ài
(动) 妨げる、妨害する

敌人 dírén
(名) 敵

方案 fāng'àn
(名) 計画、プラン

参与 cānyù
(动) 参与する、参加する

实践 shíjiàn
(动) 実践する

翻 fān
(动)（ページを）めくる

电台 diàntái
(名) ラジオ放送局

采访 cǎifǎng
(动) 取材する、
インタビューする

概括 gàikuò
(动) 概括する、総括する

抄 chāo
(动) 写す、引き写す

各自 gèzì
(代) 各自、めいめい

过敏 guòmǐn
(动) 過敏に反応する、
アレルギーがある

疯狂 fēngkuáng
(形) 狂気じみている

海关 hǎiguān
(名) 税関

不老的女性

　　形容不老的女性有个新词叫_____龄。从前，女性过了四十岁，很多人就是中年_____的形象了，但现在，高科技也对美容界做出了_____——许多_____化妆_____问世。这使很多上了年纪的女性依然不老，_____着和年轻时同样的美貌。即使把她们和年轻女孩做_____，也看不出有什么_____，让人忍不住为她们的美丽_____。

　　冻龄女们的皮肤都很_____，双手也没变_____。她们出门会防紫外线_____皮肤，睡觉前会给脸保湿，不让皮肤_____。她们的三餐很有_____，在_____的时间吃饭。她们很_____头发，因为一头乱发会让人变_____。冻龄就是一笔_____，凡有_____到她们财产的东西，都会被看作_____。要是有让人更加美丽的_____，她们就很仔细地听，还会_____其中，亲身_____。有空的时候，她们就_____翻美容杂志，听听_____里_____明星的节目，把明星们_____的美容方法记录下来。当然，她们绝不只是照_____别人的美容方法，她们_____都有自己的秘密美容法，轻易不会告诉别人。

　　追求美是好事，但要保持理智。有医生提醒说，如果不断尝试各种化妆品，容易引起皮肤_____。还有人_____整容，甚至因为整容前后的样子变化太大，在过_____的时候给工作人员添了不必要的麻烦。冻龄虽好，还是要讲究方式方法。

❶ 赤いシートを当てて、本文を見ながら聞き、見えない箇所の単語をチェックしてください。
❷ 赤いシートを外して、本文を見ながら聞き、聞き取った単語が合っているか、確認してください。
❸ 本文を見ないで聞き、全体の意味が把握できるか確認してください。

不老的女性

　　形容不老的女性有个新词叫冻龄。从前，女性过了四十岁，很多人就是中年妇女的形象了，但现在，高科技也对美容界做出了贡献——许多高档化妆产品问世。这使很多上了年纪的女性依然不老，保留着和年轻时同样的美貌。即使把她们和年轻女孩做对比，也看不出有什么差别，让人忍不住为她们的美丽鼓掌。

　　冻龄女们的皮肤都很光滑，双手也没变粗糙。她们出门会防紫外线刺激皮肤，睡觉前会给脸保湿，不让皮肤干燥。她们的三餐很有规律，在固定的时间吃饭。她们很爱惜头发，因为一头乱发会让人变丑。冻龄就是一笔财产，凡有妨碍到她们财产的东西，都会被看作敌人。要是有让人更加美丽的方案，她们就很仔细地听，还会参与其中，亲身实践。有空的时候，她们就翻翻美容杂志，听听电台里采访明星的节目，把明星们概括的美容方法记录下来。当然，她们绝不只是照抄别人的美容方法，她们各自都有自己的秘密美容法，轻易不会告诉别人。

　　追求美是好事，但要保持理智。有医生提醒说，如果不断尝试各种化妆品，容易引起皮肤过敏。还有人疯狂整容，甚至因为整容前后的样子变化太大，在过海关的时候给工作人员添了不必要的麻烦。冻龄虽好，还是要讲究方式方法。

老けない女性

　老けない女性を形容する新しい言葉に凍った年齢という言い方がある。以前は、女性は 40 歳を過ぎると、多くの人がもう中年女性の姿になった。しかし、現在ハイテクノロジーは美容業界にも貢献し、多くの高級化粧品が売り出されている。これは年を取った女性をいつまでも老けさせず、若い時と同じ美貌を保たせている。彼女らを若い女の子と比較したとしてもどんな違いがあるだろうか。思わず彼女らの美しさに拍手しないではいられない。

　老けない女性たちの肌はとてもつやつやしている。両手もかさかさしていない。彼女らは出かける時は、紫外線が肌を刺激するのを防ぎ、寝る前は、顔の保湿をして、肌の乾燥を防ぐ。彼女らの三度の食事はとても規則正しく、決まった時間にご飯を食べる。彼女らは髪をとても大切にする。なぜなら、髪が乱れると人を醜くするからである。老けないことは財産なのである。彼女らの財産を妨害するものはすべて敵と見なされる。もし、人をよりいっそう美しくさせるプランがあったら、彼女らは注意深く耳を傾け、そのプランに参加し、自ら実践する。暇がある時は、美容雑誌をめくり、ラジオのスターインタビューの番組を聞き、スターが要約して語ったエステ方法を記録しておく。当然、彼女らは他人のエステ方法をそのまままねるだけということはなく、それぞれ自分の秘密の美容方法を持っていて、安易に他人に教えることはない。

　美を追求することはいいことであるが、理性を保たなければならない。ある医者は、次々といろいろな化粧品を試すと、肌のアレルギーを引き起こしやすいと注意を促している。それから狂ったように整形をし、ひいては整形前後の変化があまりにも大きいため、税関を通る時、職員に不必要な面倒をかけることになる人もいる。老けないことはいいことだが、やはり方法を重んじなければならない。

公平合理地教育孩子

公正かつ合理的に子供を教育する　085

[STEP 1] 今日習得すべき単語を、聞き取れるまで繰り返し聞いてください。

公平 gōngpíng
（形）公平である

合理 hélǐ
（形）合理的である

发愁 fāchóu
（動）気が滅入る、
心配する

黄金 huángjīn
（名）黄金、金

耳环 ěrhuán
（名）耳輪、イヤリング、
ピアス

操场 cāochǎng
（名）運動場、グラウンド

猴子 hóuzi
（名）サル

尺子 chǐzi
（名）物差し

毕竟 bìjìng
（副）結局、つまり

便 biàn
（副）もう、すぐに、
…であれば…だ

不足 bùzú
（名/動）不備/
…するに足りない

观点 guāndiǎn
（名）観点、見解

乖 guāi
（形）（子供が）おとなしい、
聞き分けのよい

必然 bìrán
（形）必然的な、必然の

歪 wāi
（形）ゆがんでいる、
傾いている

恨 hèn
（動）恨む、憎む

个别 gèbié
（副）個別に、個々に、
それぞれ

本领 běnlǐng
（名）腕前、才能、能力

吵架 chǎojià
（動）口論する、言い争う

干脆 gāncuì
（副）思い切って、あっさりと、
いっそのこと

隔壁 gébì
（名）隣家、隣

单元 dānyuán
（名）（集合住宅で）一つの階
段を共有する家のまとまり

反复 fǎnfù
（副/動）繰り返し、反復して/
反復する、繰り返す

无数 wúshù
（形）無数である、数限りない

打听 dǎting
（動）尋ねる、問い合わせる

报社 bàoshè
（名）新聞社

核心 héxīn
（名）核心、中核

独立 dúlì
（動/形）独立する/
独立している

工具 gōngjù
（名）工具、道具

恶劣 èliè
（形）悪辣である、
非常に悪い

讽刺 fěngcì
（動）風刺する、皮肉を言う

等于 děngyú
（動）…と同じである、
…に等しい

沉默 chénmò
（動）沈黙する

改正 gǎizhèng
（動）是正する、改正する

淡 dàn
（形）薄い、冷淡である

岛屿 dǎoyǔ
（名）島嶼、島の総称

_____ _____地教育孩子

　　最近，小张夫妇遇到了_____的事。起因是上小学的女儿趁他俩不在家，戴上了妈妈的_____ _____，跑到_____上去和小朋友玩儿，结果，弄丢了一只。孩子趴在地上找耳环，沾了一身土，把自己弄得像只泥_____一样。回家后，正赶上小张下班回家，知道事情经过后，他拿起_____就把女儿打了一顿。

　　妻子回到家看到小张打女儿，_____心疼女儿，_____和小张吵了起来。小张说打骂孩子_____为奇，中国的传统_____里有"打是疼，骂是爱"这一条，不打，孩子就不_____；不骂，孩子就不听话。时间长了，孩子_____会走上_____路，到那时候再_____铁不成钢，就来不及了。小张还说，最近老师找女儿_____谈话的次数也增多了。妻子反驳说打孩子算什么_____，我们离婚吧。

　　女儿看到父母_____，吓得发抖，_____跑到_____ _____的顶层躲藏起来。发现女儿不见了，夫妇俩_____出去找了_____遍，见人就_____女儿的下落。直到第二天才终于找到了女儿。

　　某_____发表过一篇文章，_____是怎样公平合理地教育孩子。其中有让孩子练字，面壁思过，_____使用_____，帮忙做家务，暂停孩子的权利等建议。父母态度_____，经常_____、打骂孩子，_____疏远和孩子的关系，孩子开始学会在父母面前_____不语，时间长了，孩子不但不会_____错误，和父母的关系反而会越来越_____，孩子的心慢慢会变成一个无人能去的_____，到那时，再想和孩子接近就难了。

❶ 赤いシートを当てて、本文を見ながら聞き、見えない箇所の単語をチェックしてください。
❷ 赤いシートを外して、本文を見ながら聞き、聞き取った単語が合っているか、確認してください。
❸ 本文を見ないで聞き、全体の意味が把握できるか確認してください。

公平合理地教育孩子

最近，小张夫妇遇到了发愁的事。起因是上小学的女儿趁他俩不在家，戴上了妈妈的黄金耳环，跑到操场上去和小朋友玩儿，结果，弄丢了一只。孩子趴在地上找耳环，沾了一身土，把自己弄得像只泥猴子一样。回家后，正赶上小张下班回家，知道事情经过后，他拿起尺子就把女儿打了一顿。

妻子回到家看到小张打女儿，毕竟心疼女儿，便和小张吵了起来。小张说打骂孩子不足为奇，中国的传统观点里有"打是疼，骂是爱"这一条，不打，孩子就不乖；不骂，孩子就不听话。时间长了，孩子必然会走上歪路，到那时候再恨铁不成钢，就来不及了。小张还说，最近老师找女儿个别谈话的次数也增多了。妻子反驳说打孩子算什么本领，我们离婚吧。

女儿看到父母吵架，吓得发抖，干脆跑到隔壁单元的顶层躲藏起来。发现女儿不见了，夫妇俩反复出去找了无数遍，见人就打听女儿的下落。直到第二天才终于找到了女儿。

某报社发表过一篇文章，核心是怎样公平合理地教育孩子。其中有让孩子练字，面壁思过，独立使用工具，帮忙做家务，暂停孩子的权利等建议。父母态度恶劣，经常讽刺、打骂孩子，等于疏远和孩子的关系，孩子开始学会在父母面前沉默不语，时间长了，孩子不但不会改正错误，和父母的关系反而会越来越淡，孩子的心慢慢会变成一个无人能去的岛屿，到那时，再想和孩子接近就难了。

公正かつ合理的に子供を教育する

　最近、張さん夫婦には気をもむできごとが起こった。事の起こりは、小学校に通う娘が、張さん夫婦が家にいないうちに、母親の金のピアスをつけたまま、グラウンドに駆けて行って友達と遊んだあげく、ピアスの片方をなくしたことにあった。子供は地面に腹ばいになって、ピアスを探した。体を泥だらけにして、まるで泥まみれのサルのようになってしまった。娘が家に帰ると、ちょうど張さんが仕事を終えて帰宅したところだった。事の経過を知ると、張さんは物差しで娘をパンとたたいた。

　妻が帰ってきて張さんが娘をたたいているのを見て、さすがに娘をかわいそうに思い、張さんと言い争いになった。張さんは子供をたたいたり叱るのは珍しいことではなく、中国の伝統的な考え方に「たたくのはかわいがること、叱るのは愛することである」というのがある。たたかないと子供は聞き分けが悪くなるし、叱らないと言うことを聞かなくなる。長く放っておくと、子供は必ず道を踏みはずしてしまう。その時になって、鉄が鋼にならなかったことを悔やんでももう手遅れだと言った。張さんはまた、最近先生が娘と個別に話し合う回数も多くなってきていると言った。妻は子供をたたくなんてどういうつもりなの、私達別れましょうと反駁した。

　娘は両親が言い争うのを見て、びっくりして震えあがった。思い切って隣の集合住宅の最上階に駆けあがって、身を隠した。娘がいなくなったのに気づいた夫婦は繰り返し出かけては数えきれないほど探した。人に会えばすぐに娘の行方を尋ねた。翌日になってやっと娘は見つかった。

　ある新聞社が、1篇の文章を発表した。主旨は、いかに公正かつ合理的に子供を教育するかである。その文章には、子供に字の練習をさせる、壁に向かって過ちを反省させる、自分一人で道具を使い、家事を手伝わせる、子供の権利をしばらく制限すること等が提案されている。親の態度が悪く、いつも皮肉を言い、子供をたたき、叱るのは、子供との関係を疎遠にすることと同じである。子供は両親の前で黙って何も言わないことを身に付けはじめ、時間が長く経つほど子供は過ちを改めることができなくなるだけでなく、親との関係が却ってどんどん冷たくなる。子供の心も次第に誰も近づけない島へと変化し、その時にもう一度子供と接近しようとしても難しくなる。

车撞骆驼 車がラクダにぶつかる　087

[STEP 1] 今日習得すべき単語を、聞き取れるまで繰り返し聞いてください。

怀孕 huáiyùn
（动）妊娠する

发表 fābiǎo
（动）発表する

出席 chūxí
（动）出席する

大型 dàxíng
（形）大型の、大規模な

到达 dàodá
（动）到着する、着く

赶紧 gǎnjǐn
（副）大急ぎで、
できるだけ早く

熬夜 áoyè
（动）夜ふかしをする、
徹夜する

长途 chángtú
（形）長距離の

标志 biāozhì
（动 / 名）表す /
標識、しるし

表明 biǎomíng
（动）表明する

当地 dāngdì
（名）現地、その土地

常识 chángshí
（名）常識

忽然 hūrán
（副）突然、にわかに

骨头 gǔtou
（名）骨

反应 fǎnyìng
（动 / 名）反応する /
反応、反響

滚 gǔn
（动）転がる

冲 chōng
（动）突進する

堆 duī
（动 / 量）積む、積み上げる /
山のように積み重なったもの、
および人の群れを数える

功能 gōngnéng
（名）機能、働き

承受 chéngshòu
（动）受け入れる、耐える

车厢 chēxiāng
（名）車両

豆腐 dòufu
（名）豆腐

呼吸 hūxī
（动）呼吸する

告别 gàobié
（动）別れを告げる

唉 āi
（叹）（ため息をつく声）ああ

出色 chūsè
（形）すばらしい、抜群である

安慰 ānwèi
（动）慰める

何必 hébì
（副）…する必要はないで
はないか、…しなくてもい
いじゃないか

忽视 hūshì
（动）軽視する

当心 dāngxīn
（动）用心する、
気をつける

抢 qiǎng
（动）奪う、奪い取る

车撞骆驼

近日，某知名女演员因乘坐的 SUV 车在内蒙古阿拉善地区和两头＿＿＿＿＿骆驼相撞而死亡，这则消息一＿＿＿＿＿，就引起了人们的关注。

随着事故调查的展开，具体细节也被公布出来。原来，女演员去内蒙古是准备＿＿＿＿＿一场＿＿＿＿＿节目，为了准时＿＿＿＿＿节目现场，她下了飞机＿＿＿＿＿坐上车赶路，司机＿＿＿＿＿开＿＿＿＿＿车。虽然路上立有很多＿＿＿＿＿，＿＿＿＿＿了＿＿＿＿＿公路上时常有骆驼出现，但大概司机不是当地人，对骆驼常在公路上行走一事缺乏＿＿＿＿＿，所以当车子＿＿＿＿＿撞上＿＿＿＿＿架子巨大的骆驼时，司机＿＿＿＿＿不过来，使车子连着翻＿＿＿＿＿了几次，又向前＿＿＿＿＿出了 200 多米，撞上一＿＿＿＿＿土后才停下来。这辆车本来＿＿＿＿＿很好，但＿＿＿＿＿不住这么大的外力，＿＿＿＿＿被撞得像块＿＿＿＿＿一样完全变形，车顶都被撞断了，车上的女演员也没有了＿＿＿＿＿。

事故不久，人们在甘肃为女演员举行了＿＿＿＿＿式。＿＿＿＿＿，有着＿＿＿＿＿的表演业绩的女演员才满 50 周岁，因这个意外事故去世实在可惜。没有人知道怎么＿＿＿＿＿她伤心的丈夫和老妈妈。

有人评论说生命重要，＿＿＿＿＿为了工作夜里赶路。还有人说千万不能＿＿＿＿＿交通安全，开车一定要＿＿＿＿＿，做到"宁停三分，不＿＿＿＿＿一秒"。

❶ 赤いシートを当てて、本文を見ながら聞き、見えない箇所の単語をチェックしてください。
❷ 赤いシートを外して、本文を見ながら聞き、聞き取った単語が合っているか、確認してください。
❸ 本文を見ないで聞き、全体の意味が把握できるか確認してください。

车撞骆驼

近日，某知名女演员因乘坐的 SUV 车在内蒙古阿拉善地区和两头怀孕骆驼相撞而死亡，这则消息一发表，就引起了人们的关注。

随着事故调查的展开，具体细节也被公布出来。原来，女演员去内蒙古是准备出席一场大型节目，为了准时到达节目现场，她下了飞机赶紧坐上车赶路，司机熬夜开长途车。虽然路上立有很多标志，表明了当地公路上时常有骆驼出现，但大概司机不是当地人，对骆驼常在公路上行走一事缺乏常识，所以当车子忽然撞上骨头架子巨大的骆驼时，司机反应不过来，使车子连着翻滚了几次，又向前冲出了 200 多米，撞上一堆土后才停下来。这辆车本来功能很好，但承受不住这么大的外力，车厢被撞得像块豆腐一样完全变形，车顶都被撞断了，车上的女演员也没有了呼吸。

事故不久，人们在甘肃为女演员举行了告别式。唉，有着出色的表演业绩的女演员才满50周岁，因这个意外事故去世实在可惜。没有人知道怎么安慰她伤心的丈夫和老妈妈。

有人评论说生命重要，何必为了工作夜里赶路。还有人说千万不能忽视交通安全，开车一定要当心，做到"宁停三分，不抢一秒"。

車がラクダにぶつかる

　最近、ある有名な女優が、乗っていた SUV（スポーツ・ユーティリティ・ビークル）車が内モンゴル自治区阿拉善地区で 2 頭の妊娠したラクダと衝突して死亡した。このニュースが発表されるとたちまち人々の注目を集めた。

　事故の調査が進むにつれて、具体的な細かい点も公表された。もともと女優が内モンゴルに行ったのは大型番組に出演する予定があったためだ。時間通りに番組の現場に到着するために、彼女は飛行機を降りるとすぐ車に乗って、道を急いだ。運転手は徹夜で長距離を運転した。路上には多くの標識が立てられ、現地の自動車道路にはしばしばラクダが現れると表示してあったが、おそらく運転手は地元の人ではなかったのだろう。ラクダがいつも道路を歩いていることなど常識としていなかった。そのため、車が突然骨格が大きなラクダに衝突した時、運転手は反応できず、車は立て続けに何回も転げ回り、しかも前方に 200 メートル以上突っ走って、盛り上がった土にぶつかってやっと停まった。この車はもともとの性能は良いが、このような大きな外力に耐えきれず、車両は衝突によって豆腐がくずれるように、すっかり変形してしまった。車の屋根も衝撃で折れてちぎれてしまった。車の中の女優も呼吸が停止した。

　事故後まもなく、人々は甘粛で女優のために、告別式を行った。ああ、すばらしい演技の実績を積んだ女優が満 50 歳にして、このような不慮の事故で亡くなるのは実に残念である。悲しんでいる彼女のご主人と年老いたお母さんをどのように慰めたらいいか誰にも分からない。

　命は大切だ、仕事のためとはいえ、夜道を急ぐ必要はないのではないかと言う人がいる。また、絶対に交通安全を軽視してはいけない、車の運転にはくれぐれも気をつけること、用心して「3 分停まっても、1 秒を争うな」までやるべきだと言う人もいる。

消失的情人节 消えたバレンタインデー 089

[STEP 1] 今日習得すべき単語を、聞き取れるまで繰り返し聞いてください。

抽象 chōuxiàng
（形）抽象的である

把握 bǎwò
（动／名）把握する、
つかむ／自信、成功の可能性

人物 rénwù
（名）人物

行业 hángyè
（名）職種、業種

包裹 bāoguǒ
（名）小包

单调 dāndiào
（形）単調である

温柔 wēnróu
（形）やさしい

老实 lǎoshi
（形）誠実である、
まじめである

驾驶 jiàshǐ
（动）操縦する、運転する

报到 bàodào
（动）到着・着任を届ける、
出頭する

拆 chāi
（动）はがす、はずす

围绕 wéirào
（动）取り囲む、めぐる

叙述 xùshù
（动）述べる、叙述する

偶然 ǒurán
（形）偶然の

道德 dàodé
（名）道徳

吃亏 chīkuī
（动）損をする

挥 huī
（动）ふるう、振り回す

醉 zuì
（动）酔う、酔っぱらう

插 chā
（动）挿す、差し込む

翅膀 chìbǎng
（名）鳥の翼

倒霉 dǎoméi
（形）運が悪い、不運である

小麦 xiǎomài
（名）コムギ

沙滩 shātān
（名）砂浜

时差 shíchā
（名）時差

灰 huī
（形）灰色の、グレーの

模糊 móhu
（形）ぼんやりしている、
はっきりしない

单独 dāndú
（副）単独で、一人で

差距 chājù
（名）格差、隔たり

爱护 àihù
（动）大切にする、
大事にする

命运 mìngyùn
（名）運命

从此 cóngcǐ
（副）これから、ここから

根 gēn
（量）細長いものを数える

传染 chuánrǎn
（动）伝染する、うつる

广大 guǎngdà
（形）広範な、幅広い、
多くの

字幕 zìmù
（名）字幕

陆续 lùxù
（副）続々と、
ひっきりなしに

鼓舞 gǔwǔ
（动）鼓舞する、
奮い立たせる

公主 gōngzhǔ
（名）皇帝の娘、姫

感激 gǎnjī
（动）感激する、感謝する

彩虹 cǎihóng
（名）虹

消失的情人节

　　爱情不仅＿＿＿＿＿＿，而且难以＿＿＿＿＿＿。台湾电影《消失的情人节》里的女主人公是个平凡的小＿＿＿＿＿＿，在邮局这个普通的＿＿＿＿＿＿做着收发＿＿＿＿＿＿邮件的＿＿＿＿＿＿工作。她性格不＿＿＿＿＿＿，人也不那么漂亮。而男主人公是个＿＿＿＿＿＿的公交车＿＿＿＿＿＿员，每天都会去邮局＿＿＿＿＿＿——寄一封不知谁会＿＿＿＿＿＿开来读的信。

　　故事＿＿＿＿＿＿着这两个人展开，＿＿＿＿＿＿他们之间的感情变化。女主人公＿＿＿＿＿＿遇到了外表很帅，却没有＿＿＿＿＿＿观的骗子，还以为遇到了爱情，男主人公怕她＿＿＿＿＿＿，一直暗暗保护着她，并因此被骗子＿＿＿＿＿＿拳打伤。

　　影片一开始，和骗子约好情人节见面的女主人公，虽然没有＿＿＿＿＿＿酒，却睡得头晕脑胀，醒来才发现情人节＿＿＿＿＿＿上了＿＿＿＿＿＿，飞走不见了，时间已经到了情人节的第二天，而＿＿＿＿＿＿的她不但没见到那个帅哥，脸也晒成了＿＿＿＿＿＿色，还在海边＿＿＿＿＿＿上照了相。她拼命想回忆起在这个＿＿＿＿＿＿中到底发生了什么，但记忆好像蒙上了有一层＿＿＿＿＿＿色，非常＿＿＿＿＿＿。

　　为了搞清真相，她想尽办法，还＿＿＿＿＿＿去了一趟嘉义，在寻找的过程中和男主人公之间的＿＿＿＿＿＿慢慢消失。最后，她发现一直关心＿＿＿＿＿＿着自己的原来是男主人公。他们＿＿＿＿＿＿　＿＿＿＿＿＿被一＿＿＿＿＿＿红线连在了一起。

　　幸福是会＿＿＿＿＿＿的，＿＿＿＿＿＿影迷们直到电影打出最后一行＿＿＿＿＿＿才一步三回头＿＿＿＿＿＿地离开了影院。除了开心，还受到了＿＿＿＿＿＿：不论你是普通人还是＿＿＿＿＿＿，只要心怀＿＿＿＿＿＿，真诚待人，就能遇到＿＿＿＿＿＿，遇到光明。

❶ 赤いシートを当てて、本文を見ながら聞き、見えない箇所の単語をチェックしてください。
❷ 赤いシートを外して、本文を見ながら聞き、聞き取った単語が合っているか、確認してください。
❸ 本文を見ないで聞き、全体の意味が把握できるか確認してください。

消失的情人节

　　爱情不仅抽象，而且难以把握。台湾电影《消失的情人节》里的女主人公是个平凡的小人物，在邮局这个普通的行业做着收发包裹邮件的单调工作。她性格不温柔，人也不那么漂亮。而男主人公是个老实的公交车驾驶员，每天都会去邮局报到——寄一封不知谁会拆开来读的信。

　　故事围绕着这两个人展开，叙述了他们之间的感情变化。女主人公偶然遇到了外表很帅，却没有道德观的骗子，还以为遇到了爱情，男主人公怕她吃亏，一直暗暗保护着她，并因此被骗子挥拳打伤。

　　影片一开始，和骗子约好情人节见面的女主人公，虽然没有醉酒，却睡得头晕脑胀，醒来才发现情人节插上了翅膀，飞走不见了，时间已经到了情人节的第二天，而倒霉的她不但没见到那个帅哥，脸也晒成了小麦色，还在海边沙滩上照了相。她拼命想回忆起在这个时差中到底发生了什么，但记忆好像蒙上了一层灰色，非常模糊。

　　为了搞清真相，她想尽办法，还单独去了一趟嘉义，在寻找的过程中和男主人公之间的差距慢慢消失。最后，她发现一直关心爱护着自己的原来是男主人公。他们的命运从此被一根红线连在了一起。

　　幸福是会传染的，广大影迷们直到电影打出最后一行字幕才一步三回头陆续地离开了影院。除了开心，还受到了鼓舞：不论你是普通人还是公主，只要心怀感激，真诚待人，就能遇到彩虹，遇到光明。

消えたバレンタインデー

　愛情は抽象的であるばかりでなく、なかなかつかみ取りにくい。台湾映画『消えたバレンタインデー』（邦題『1秒先の彼女』）の女主人公は平凡な小人物で、郵便局員というありふれた職業に就いて小包や郵便の受領や発送という単調な仕事をしている。彼女は性格が優しいわけでもなく、たいして美人でもない。一方、男の主人公はきまじめな路線バスの運転手で、毎日郵便局にやってきては、誰が開封して読むのかわからない手紙を出している。

　物語はこの二人をめぐって展開し、彼女と彼の感情の変化を述べていく。女主人公は偶然ハンサムだが道徳観念のない詐欺師に出会い、彼女は愛情に巡り合ったのかと思ってしまう。男の主人公は彼女がひどい目に遭うのではないかと心配して、ずっとひそかに彼女を守り続けていた。そしてそのために、詐欺師にげんこつを振り回され、けがをした。

　映画の冒頭で、詐欺師とバレンタインデーにデートすることを約束した女主人公は、酔っぱらってもいないのに、頭が重くくらくらして眠り込んでしまい、目が覚めたらバレンタインデーに翼が生えて飛んで行ってしまったことに気がついた。すでにバレンタインデーの翌日になっていたのだ。不運な彼女はそのイケメンに会えなかっただけでなく、顔もコムギ色に日焼けして、海岸の砂浜で写真まで撮っている。彼女は一生懸命この時間のずれの中で、一体何が起きたのか思い出そうとしたが、記憶はまるで灰色をかぶせたように全くぼんやりとしていた。

　真相をはっきりさせるために、彼女はあらゆる方法を考え、一人で嘉義に行ってみた。探しているうちに男の主人公との距離も次第になくなっていった。そしてついに、彼女は、ずっと自分のことを気にかけ大切に思ってくれていたのはなんと男の主人公だったのだと気がついた。彼ら二人の運命はその時から1本の赤い糸でつながった。

　幸せは伝染するものだ。多くの映画ファンは、映画が最後の字幕の1行を写し出してからようやく一歩ごとに三回振り向きながら続々と映画館を去って行った。そうして、映画を楽しんだだけでなく、励まされもした。普通の人であろうと、お姫様であろうと、心に感謝の気持ちを抱き、誠意をもって人に接すれば虹を見ることができ、希望にもめぐりあえる。

丝绸 シルク 091

[STEP 1] 今日習得すべき単語を、聞き取れるまで繰り返し聞いてください。

丝绸 sīchóu
（名）シルク、絹織物

日用品 rìyòngpǐn
（名）日用品

夸张 kuāzhāng
（形）大げさである、
誇張である

说不定 shuōbudìng
（副）ひょっとしたら…
かもしれない、おそらく

突出 tūchū
（形）特に目立つ、
際立っている

实用 shíyòng
（形）実用的である

着凉 zháoliáng
（动）風邪を引く

打喷嚏 dǎ pēntì
くしゃみをする

灰尘 huīchén
（名）ほこり

潮湿 cháoshī
（形）湿っぽい、
湿気が多い

敏感 mǐngǎn
（形）敏感である、
デリケートである

个人 gèrén
（名）個人

系领带 jì lǐngdài
ネクタイを締める

手工 shǒugōng
（名）手作り、手製

鼠标 shǔbiāo
（名）マウス

麦克风 màikèfēng
（名）マイク

发言 fāyán
（动）発言する

夸 kuā
（动）ほめる

扇子 shànzi
（名）扇子

组合 zǔhé
（动 / 名）組み合わせる /
組み合わせ

甲 jiǎ
（名）甲

乙 yǐ
（名）乙

涨 zhǎng
（动）（水位や物価が）
高くなる、上がる

姥姥 lǎolao
（名）（母方の）おばあさん

专心 zhuānxīn
（形）一つのことに専心して
いる、一心不乱である

佩服 pèifú
（动）感心する、敬服する

————————

喜欢丝绸。生活中的＿＿＿＿里有丝绸的话，连心情都会好，这绝不是＿＿＿＿的说法。丝绸像刚洗过后迎风飘的头发一样光滑。

在丝绸商店，虽然一件衣服可能需要很多人民币，但如果买了，＿＿＿＿它就是你衣柜里无数衣服中最＿＿＿＿、最美丽的一件。

丝绸睡衣很＿＿＿＿，因为丝绸和人类皮肤结构最为接近，穿着会让人精神愉悦，特别舒服。

而丝绸被子可以活跃一整年。一、它又轻又暖，不会让人＿＿＿＿ ＿＿＿＿。二、它不易沾上＿＿＿＿。第三，它不会受到＿＿＿＿天气的影响，能让你＿＿＿＿的皮肤变得越来越好，不信可以试试。

我＿＿＿＿觉得男性＿＿＿＿时，如果挑有＿＿＿＿刺绣的丝绸领带，会很好看。系着这样的领带出门上班，无论是坐在办公桌前手握＿＿＿＿，还是开会时拿着＿＿＿＿，显然被人＿＿＿＿的次数会增加。而一件丝绸旗袍和一把香＿＿＿＿的＿＿＿＿，能带给女性更多的美丽，无论她是名人，还是路人＿＿＿＿、路人＿＿＿＿。

这几年丝绸的东西价格虽然上＿＿＿＿，可是每次见到，还是忍不住想买。

有句古诗说："遍身罗绮者，不是养蚕人。"我小时候还真养过蚕。＿＿＿＿说，许多下午，我都是在歪着头＿＿＿＿看蚕中度过的。成年后，看见虫子就害怕的我，不禁对童年时的自己有了几分＿＿＿＿。

丝绸

喜欢丝绸。生活中的日用品里有丝绸的话，连心情都会好，这绝不是夸张的说法。丝绸像刚洗过后迎风飘的头发一样光滑。

在丝绸商店，虽然一件衣服可能需要很多人民币，但如果买了，说不定它就是你衣柜里无数衣服中最突出、最美丽的一件。

丝绸睡衣很实用，因为丝绸和人类皮肤结构最为接近，穿着会让人精神愉悦，特别舒服。

而丝绸被子可以活跃一整年。一、它又轻又暖，不会让人着凉打喷嚏。二、它不易沾上灰尘。第三、它不会受到潮湿天气的影响，能让你敏感的皮肤变得越来越好，不信可以试试。

我个人觉得男性系领带时，如果挑有手工刺绣的丝绸领带，会很好看。系着这样的领带出门上班，无论是坐在办公桌前手握鼠标，还是开会时拿着麦克风发言，显然被人夸的次数会增加。而一件丝绸旗袍和一把香扇子的组合，能带给女性更多的美丽，无论她是名人，还是路人甲、路人乙。

这几年丝绸的东西价格虽然上涨，可是每次见到，还是忍不住想买。

有句古诗说："遍身罗绮者，不是养蚕人。"我小时候还真养过蚕。姥姥说，许多下午，我都是在歪着头专心看蚕中度过的。成年后，看见虫子就害怕的我，不禁对童年时的自己有了几分佩服。

シルク

シルクが好きである。生活の中の日用品にシルクがあれば、気持ちまでも愉快になる。これは決して大げさな言い方ではない。シルクは洗ったばかりの髪が風に靡くように滑らかである。

シルクの店では、たとえ衣服一着でも多額のお金がかかることもあるが、もし買うとしたら、それはあなたの洋服だんすの数えきれない衣服の中で最も目立つ、最も美しい一着となるかもしれない。

シルクのパジャマはとても実用的である。なぜならシルクは人の肌の構造に最も近く、シルクを着ると人の気持ちを愉快にし、とても心地よくさせる。

そして、シルクの布団は一年中活躍するものである。一、シルクの布団は軽くて暖かく、人に風邪を引かせてくしゃみをさせることがない。二、ほこりがつきにくい。三、湿っぽい天気の影響を受けず、あなたのデリケートな肌の状態をどんどんよくしていく。信じられないなら試してみればいい。

男性がネクタイをする際に、手さしの刺繍が入ったシルクのネクタイを選んだら、それは私個人としては素敵だと思う。そういうネクタイを締めて出勤すると、オフィスのデスクの前に座ってマウスを握っても、会議中にマイクを持って発言しても、明らかに人から称賛される回数が増える。また、シルクのチャイナドレスと一本の香りのよい扇子の組み合わせは女性に一段と美しさを与える。その女性が有名人であろうと、平凡な通行人のだれかれであろうと。

近年シルク製品は価格が上昇しているが、目にする度に、やはり買いたい気持ちを我慢できない。

昔の詩に「遍身羅綺の者は、是れ蚕を養う人にあらず（全身に絹の美しい衣服を着る、そういう身分の人は、蚕を飼育する人ではない）」というのがある。私は小さい時に本当に蚕を飼ったことがある。おばあさんは、ほとんどの午後、私が首を傾げて一心不乱に蚕の世話をしながら過ごしていたと言っている。大人になってからは、虫を見て怖がっている私は、思わず子供時代の自分に少々感心してしまう。

退休生活 定年退職後の生活 093

[STEP 1] 今日習得すべき単語を、聞き取れるまで繰り返し聞いてください。

工程师 gōngchéngshī
（名）技師、エンジニア

挣 zhèng
（動）稼ぐ

花生 huāshēng
（名）落花生

土豆 tǔdòu
（名）ジャガイモ

果实 guǒshí
（名）果実

橘子 júzi
（名）ミカン

锅 guō
（名）なべ

壶 hú
（名）やかん、急須の類

键盘 jiànpán
（名）鍵盤、キーボード

下载 xiàzài
（動）ダウンロードする

软件 ruǎnjiàn
（名）ソフトウエア

看不起 kànbuqǐ
（動）軽視する、見くびる

交际 jiāojì
（動）交際する、付き合う

关闭 guānbì
（動）閉める、切る

刻苦 kèkǔ
（形）骨身を惜しまない

讲座 jiǎngzuò
（名）講座

青春 qīngchūn
（名）青春

尽力 jìnlì
（動）全力を尽くす

项目 xiàngmù
（名）項目、プロジェクト

燃烧 ránshāo
（動）燃焼する、燃える

官 guān
（名）役人、官吏

权力 quánlì
（名）権力

无所谓 wúsuǒwèi
（動）どうでもよい、
どちらでもかまわない

在乎 zàihu
（動）気にする、意に介する

物质 wùzhì
（名）金銭、生活上の物質

集中 jízhōng
（動）集める

太极拳 tàijíquán
（名）太極拳

钓 diào
（動）釣る

念 niàn
（動）声を出して読む

频道 píndào
（名）チャンネル

和平 hépíng
（名）平和

稳定 wěndìng
（動／形）安定させる、落ち
着かせる／安定している、
落ち着いている

哲学 zhéxué
（名）哲学

进步 jìnbù
（動）進歩する

零件 língjiàn
（名）部品、パーツ

结实 jiēshi
（形）（体が）丈夫である

打工 dǎgōng
（動）働く、アルバイトを
する

退休生活

　　老张退休前是个＿＿＿＿，一满退休年龄就退休了。他用大半辈子＿＿＿＿的钱在海边买了一套房子，房前有个小院，收拾得很整齐，种着＿＿＿＿和＿＿＿＿，还有一颗挂满了＿＿＿＿的＿＿＿＿树。每天早上老张都先烧一＿＿＿＿开水，泡一＿＿＿＿茶，然后边喝茶边敲敲电脑＿＿＿＿，要么＿＿＿＿个有意思的＿＿＿＿，要么给朋友发个邮件。别＿＿＿＿老张发的简短邮件，它代表着老张现有的社会＿＿＿＿，一旦＿＿＿＿了电脑，老张就切断了和外面的所有联系。

　　老张上大学时只知道＿＿＿＿学习，除了上课以外，学校办的＿＿＿＿他也都去听，四年的＿＿＿＿都记录在几十册厚厚的笔记本里了。工作后，老张＿＿＿＿完成每一份领导安排的工作，把每个＿＿＿＿都做得很完美。他像蜡烛一样＿＿＿＿着自己，却不是为了升＿＿＿＿发财。他说对＿＿＿＿和地位都＿＿＿＿，也不＿＿＿＿工资等＿＿＿＿方面的回报，只想把精力＿＿＿＿在工作上。退休后的老张就像变了一个人。每天打打＿＿＿＿，＿＿＿＿钓鱼，＿＿＿＿念诗，看看电视里感兴趣的＿＿＿＿，热爱＿＿＿＿，生活＿＿＿＿、无风无浪。

　　老张说："我现在的人生＿＿＿＿就是'面向大海，春暖花开。'我只是一个普通的老百姓，用＿＿＿＿这个词要求了自己一辈子。现在我老了，身上的＿＿＿＿早晚会出问题。趁身体＿＿＿＿，想体验一下不用给人＿＿＿＿、不需要考虑未来的自由生活。"

❶ 赤いシートを当てて、本文を見ながら聞き、見えない箇所の単語をチェックしてください。
❷ 赤いシートを外して、本文を見ながら聞き、聞き取った単語が合っているか、確認してください。
❸ 本文を見ないで聞き、全体の意味が把握できるか確認してください。

退休生活

　　老张退休前是个工程师，一满退休年龄就退休了。他用大半辈子挣的钱在海边买了一套房子，房前有个小院，收拾得很整齐，种着花生和土豆，还有一颗挂满了果实的橘子树。每天早上老张都先烧一锅开水，泡一壶茶，然后边喝茶边敲敲电脑键盘，要么下载个有意思的软件，要么给朋友发个邮件。别看不起老张发的简短邮件，它代表着老张现有的社会交际，一旦关闭了电脑，老张就切断了和外面的所有联系。

　　老张上大学时只知道刻苦学习，除了上课以外，学校办的讲座他也都去听，四年的青春都记录在几十册厚厚的笔记本里了。工作后，老张尽力完成每一份领导安排的工作，把每个项目都做得很完美。他像蜡烛一样燃烧着自己，却不是为了升官发财。他说对权力和地位都无所谓，也不在乎工资等物质方面的回报，只想把精力集中在工作上。退休后的老张就像变了一个人。每天打打太极拳，钓钓鱼，念念诗，看看电视里感兴趣的频道，热爱和平，生活稳定、无风无浪。

　　老张说："我现在的人生哲学就是'面向大海，春暖花开。'我只是一个普通的老百姓，用进步这个词要求了自己一辈子。现在我老了，身上的零件早晚会出问题。趁身体结实，想体验一下不用给人打工、不需要考虑未来的自由生活。"

定年退職後の生活

　張さんは定年退職するまではエンジニアで、定年の年齢になるとすぐ退職した。彼は、ほとんど一生かけて稼いだお金で海辺に家を一軒買った。家の前には小さな庭があり、きちんと手入れされていて、落花生とジャガイモが植わっている。それから実がたくさんなっているミカンの木がある。毎朝、いつも張さんはまず鍋でお湯を沸かし、急須にお茶を入れる。それからお茶を飲みながらパソコンのキーボードを打って、面白いソフトウエアをダウンロードするか、または友達にメールを送る。張さんが送る短いメールを軽く見てはいけない。それは張さんの現在の社会との結びつきを表していて、ひとたび、パソコンを切ると張さんは外との全ての連絡が断たれたことになる。

　張さんは大学に通っていた時、ただ骨身を惜しまず勉強することだけしか知らず、授業以外の学校がやっている講座まで聴講していた。4年間の青春は全て数十冊の分厚いノートの中に記録されている。仕事に就いてからは、張さんは上司から任されたどんな仕事も全力でやり遂げ、一つ一つのプロジェクトを完璧に達成した。彼はロウソクのように自分を燃焼させたが、それは昇進や金持ちになるためではなかった。彼は、権力や地位に対してはどうでもよく、給料など金銭面の報酬についても気にせず、精力を仕事だけに集中させたかったと言っている。定年退職後の張さんは別人になったようで、毎日太極拳をしたり、魚を釣ったり、詩を朗読したり、興味のあるテレビのチャンネルを見たりする。平和を愛し、生活は安定していて風も吹かなければ波も立たない。

　張さんは「私の現在の人生哲学といえば『大海原に臨み、花咲くうららかな春』である。私は一介の庶民であり、進歩という言葉で自分の一生を律してきた。今、私は年を取ったから、体の部品には早かれ遅かれ問題が起きる。体が丈夫なうちに、他人のために働くことのない、未来を考えなくてすむ、自由な生活を体験してみたいのだ」と言っている。

現代人的愛情 現代人の愛情 095

[STEP 1] 今日習得すべき単語を、聞き取れるまで繰り返し聞いてください。

国庆节 Guóqìng Jié
（名）国慶節

批 pī
（量）まとまった数量の
物品・郵便物・文書を
数える；
同時に行動する多くの人
を1単位として数える

宣布 xuānbù
（動）公布する、
発表する

规模 guīmó
（名）規模

集合 jíhé
（動）集まる、集合する

戒指 jièzhi
（名）指輪

恭喜 gōngxǐ
（動）おめでとう
（あいさつの言葉）

情景 qíngjǐng
（名）情景、様子

建立 jiànlì
（動）築き上げる

相对 xiāngduì
（形）比較的な、
相対的な

钢铁 gāngtiě
（名）鋼鉄、鉄鋼

工厂 gōngchǎng
（名）工場

工人 gōngrén
（名）労働者

会计 kuàijì
（名）会計、経理

结合 jiéhé
（動）結びつける、結合する

肩膀 jiānbǎng
（名）肩

坚强 jiānqiáng
（形）堅固である、強力である

可靠 kěkào
（形）頼もしい

背景 bèijǐng
（名）背景、バック

舅舅 jiùjiu
（名）おじさん、
母方のおじに対する呼びかけ

传说 chuánshuō
（名）伝説

形势 xíngshì
（名）形勢、情勢、事態

强调 qiángdiào
（動）強調する

确认 quèrèn
（動）確認する

阳台 yángtái
（名）バルコニー、ベランダ

设备 shèbèi
（名）設備

账户 zhànghù
（名）口座

硬件 yìngjiàn
（名）ハードウエア

全面 quánmiàn
（形）全面的である

掌握 zhǎngwò
（動）把握する

假设 jiǎshè
（動）仮に…とする、
仮定する

总裁 zǒngcái
（名）総裁

模特儿 mótèr
（名）モデル

哎 āi
（叹）意外や不満の意を表す
ときに発する言葉、まあ

中介 zhōngjiè
（名）仲介、媒介

真实 zhēnshí
（形）真実である、
本当である

形式 xíngshì
（名）形式

王子 wángzǐ
（名）王子

现代人的爱情

　　一到_____，就有一_____批的恋人_____登记结婚。你可能收到来自同学或同事的结婚邀请，然后人们将在大大小小_____的婚礼上_____，看新人交换结婚_____，向他们说着_____的话，敬酒，照相……这样的_____，大家都很熟悉吧。

　　进入婚龄的 90 后们，已经不再像以前那样相信爱情的力量。七、八十年代的人们觉得婚姻_____在爱情基础上，有爱情就能有_____美满的婚姻。当时，_____的_____和纺织厂的_____结婚，就是一种很理想的_____。虽然男的工资不高，但爱情让他的_____在恋人眼中变得_____ _____，他既不需要有什么家庭_____，也不需要有一个当官的_____。

　　这种把爱情作为第一条件的婚姻正在变成_____。现在的恋爱_____是年轻人更_____经济在婚姻生活中的作用。谁也不想在婚后因为没钱而过痛苦的生活，他们在恋爱时就早早_____对方房子有多少平方米，_____够不够大，家电_____好不好，_____上有几位数的存款，这些_____条件在婚前都会被_____了解_____。_____男方是个公司_____，即使长得不那么帅，也会被比_____还美丽的女孩喜欢上。

　　_____，难怪婚姻_____公司想介绍成一对夫妇那么难，人们的想法都太_____了。恋爱越来越变成一种_____，就算是白马_____和睡美人的爱情故事，对现代人来说，看到的也不仅仅是浪漫了吧。

❶ 赤いシートを当てて、本文を見ながら聞き、見えない箇所の単語をチェックしてください。
❷ 赤いシートを外して、本文を見ながら聞き、聞き取った単語が合っているか、確認してください。
❸ 本文を見ないで聞き、全体の意味が把握できるか確認してください。

现代人的爱情

一到国庆节，就有一批批的恋人宣布登记结婚。你可能收到来自同学或同事的结婚邀请，然后人们将在大大小小规模的婚礼上集合，看新人交换结婚戒指，向他们说着恭喜的话，敬酒，照相……这样的情景，大家都很熟悉吧。

进入婚龄的 90 后们，已经不再像以前那样相信爱情的力量。七、八十年代的人们觉得婚姻建立在爱情基础上，有爱情就能有相对美满的婚姻。当时，钢铁工厂的工人和纺织厂的会计结婚，就是一种很理想的结合。虽然男的工资不高，但爱情让他的肩膀在恋人眼中变得坚强可靠，他既不需要有什么家庭背景，也不需要有一个当官的舅舅。

这种把爱情作为第一条件的婚姻正在变成传说。现在的恋爱形势是年轻人更强调经济在婚姻生活中的作用。谁也不想在婚后因为没钱而过痛苦的生活，他们在恋爱时就早早确认对方房子有多少平方米，阳台够不够大，家电设备好不好，账户上有几位数的存款，这些硬件条件在婚前都会被全面了解掌握。假设男方是个公司总裁，即使长得不那么帅，也会被比模特儿还美丽的女孩喜欢上。

哎，难怪婚姻中介公司想介绍成一对夫妇那么难，人们的想法都太真实了。恋爱越来越变成一种形式，就算是白马王子和睡美人的爱情故事，对现代人来说，看到的也不仅仅是浪漫了吧。

現代人の愛情

　国慶節になると、多くの恋人たちが結婚を発表する。あなたは同級生あるいは同僚から結婚式に招待されるかもしれない。その後、人々は大小様々な規模の結婚式に集まり、新郎新婦が結婚指輪を交換するのをながめ、彼らにおめでとうを言いながら祝杯を挙げ、記念写真を撮る……このような情景は皆さんよくご存じだと思う。

　結婚適齢期に入った1990年代生まれの人たちは、もう昔のように愛の力を信じなくなっている。70、80年代に結婚した人たちは、婚姻は愛情を土台として築き上げるもので、愛情さえあれば比較的幸せで円満な結婚生活が得られるものと思っていた。当時、製鉄所の労働者と紡織工場の経理との結婚は一種のとても理想的な夫婦の結びつきであった。男性の給料が高くなくても、愛情によって彼の肩が恋人の目には強くて頼もしいものに映った。彼に何らかの家庭的な背景がなくても、また役人のおじさんがいなくても。

　このような愛情を第一条件とする結婚は今や伝説になりつつある。現在の恋愛事情では、若者は結婚生活に影響を与えるものとして経済的な面をいっそう強調している。誰しも、結婚後お金がないために苦しい生活を送りたくはない。彼らは恋愛中に、早々と相手の家が何平方メートルあるか、ベランダが大きいかどうか、家電設備が整っているかどうか、口座に何桁の貯金があるかを確認する。これらのハード面の条件は結婚前に全面的に調べられ把握される。仮に男性側が会社の総裁だったとしたら、たとえそんなにハンサムでなくても、モデルよりもきれいな女の子に好かれるのである。

　ああ、道理で結婚を仲介する会社が一組の夫婦を紹介によって成立させるのがこうも難しいわけだ。人々の考え方はあまりにも現実的である。恋愛はますます一種の形式へと変化している。たとえ、白馬の王子様と眠れる森の美女の愛情物語であっても、現代人にとっては、ただただロマンチックというわけにはいかないのでしょう。

神秘的味道 不思議なにおい 097

[STEP 1] 今日習得すべき単語を、聞き取れるまで繰り返し聞いてください。

神秘 shénmì
（形）神秘的である

宿舍 sùshè
（名）寄宿舎、寮

物理 wùlǐ
（名）物理

系 xì
（名）学部

实验 shíyàn
（名）実験

车库 chēkù
（名）車庫

阵 zhèn
（量）一定時間続く事物・
現象・動作を数える

臭 chòu
（形）くさい

中旬 zhōngxún
（名）中旬

开幕式 kāimùshì
（名）開幕式

论文 lùnwén
（名）論文

提纲 tígāng
（名）大綱、要綱

修改 xiūgǎi
（動）改正する、
改定する

题目 tímù
（名）タイトル、題目

面积 miànjī
（名）面積

私人 sīrén
（名）個人

窄 zhǎi
（形）狭い

逃避 táobì
（動）逃避する、逃れる

咬 yǎo
（動）かむ

危害 wēihài
（動）危害を加える、脅かす

征求 zhēngqiú
（動）尋ね求める

伙伴 huǒbàn
（名）仲間

搜索 sōusuǒ
（動）捜索する、検索する

胶水 jiāoshuǐ
（名）液体のり

粘贴 zhāntiē
（動）貼り付ける

出示 chūshì
（動）出して見せる、呈示する

证件 zhèngjiàn
（名）証明書

正 zhèng
（形）（方向や位置が）正しい、
まっすぐである

成语 chéngyǔ
（名）成語、ことわざ

集体 jítǐ
（名）集団、グループ

纪律 jìlù
（名）規律

规矩 guīju
（名）決まり、規則

文明 wénmíng
（名）文明

自私 zìsī
（形）利己的である、
身勝手である

原则 yuánzé
（名）原則

体会 tǐhuì
（動 / 名）体得する、
理解する / 体得、理解

临时 línshí
（副 / 形）臨時に / 臨時の、
一時的な

主动 zhǔdòng
（形）自発的である

签 qiān
（動）署名する、サインする

撕 sī
（動）引き裂く、はがす

印刷 yìnshuā
（動）印刷する

兔子 tùzi
（名）ウサギ

虚心 xūxīn
（形）虚心である、
謙虚である

请求 qǐngqiú
（動 / 名）頼む、願う /
願い、申請

＿＿＿＿＿的味道

　　张强住的＿＿＿＿＿楼左面是＿＿＿＿＿　＿＿＿＿＿的＿＿＿＿＿室，右边是大学＿＿＿＿＿。这几天他老觉得有一＿＿＿＿＿阵的＿＿＿＿＿味儿，但仔细一闻，又没了。

　　正是 7 月＿＿＿＿＿，天气很热，大家都在看奥运会的＿＿＿＿＿。张强最近课程很紧，不仅要提交＿＿＿＿＿　＿＿＿＿＿，还要＿＿＿＿＿论文＿＿＿＿＿。虽然让他烦恼的臭味只是一件小事，但宿舍楼的＿＿＿＿＿不大，房间里的＿＿＿＿＿空间很＿＿＿＿＿，难闻的味道让人无法＿＿＿＿＿。张强＿＿＿＿＿着牙坚持了几天，但是这神秘的味道让他睡不着觉，吃饭也不香，已经＿＿＿＿＿到了他的健康。

　　张强＿＿＿＿＿了一下同宿舍＿＿＿＿＿们的意见，一个房间一个房间＿＿＿＿＿肯定不行，就写了一张通知，用＿＿＿＿＿　＿＿＿＿＿在来客＿＿＿＿＿　＿＿＿＿＿处对面的墙上，位置贴得很＿＿＿＿＿，谁都能看见。上面写着："亲爱的室友们，最近是否有人在房间里养宠物？用一个＿＿＿＿＿来比喻，宿舍最近成了鲍鱼之肆。我们是一个＿＿＿＿＿，是不能养宠物的。希望大家守＿＿＿＿＿，守＿＿＿＿＿，讲＿＿＿＿＿。不要出于＿＿＿＿＿违背＿＿＿＿＿，请＿＿＿＿＿周围同学的心情。不管你是打算＿＿＿＿＿养宠物，还是长期养宠物，都请＿＿＿＿＿把宠物送走。"通知下面＿＿＿＿＿着张强和室友的名字。

　　几天后，通知被人＿＿＿＿＿了下来，墙上贴了一张＿＿＿＿＿体说明，写着："亲爱的同学们，对不起，是我在房间里养了几只＿＿＿＿＿，给大家带来了不便。我＿＿＿＿＿接受批评。现在兔子已经交给我妈妈代养，＿＿＿＿＿大家原谅我的错误。"

　　就这样，宿舍楼又恢复了平静。

139

❶ 赤いシートを当てて、本文を見ながら聞き、見えない箇所の単語をチェックしてください。
❷ 赤いシートを外して、本文を見ながら聞き、聞き取った単語が合っているか、確認してください。
❸ 本文を見ないで聞き、全体の意味が把握できるか確認してください。

神秘的味道

　　张强住的宿舍楼左面是物理系的实验室，右边是大学车库。这几天他老觉得有一阵阵的臭味儿，但仔细一闻，又没了。

　　正是 7 月中旬，天气很热，大家都在看奥运会的开幕式。张强最近课程很紧，不仅要提交论文提纲，还要修改论文题目。虽然让他烦恼的臭味只是一件小事，但宿舍楼的面积不大，房间里的私人空间很窄，难闻的味道让人无法逃避。张强咬着牙坚持了几天，但是这神秘的味道让他睡不着觉，吃饭也不香，已经危害到了他的健康。

　　张强征求了一下同宿舍伙伴们的意见，一个房间一个房间搜索肯定不行，就写了一张通知，用胶水粘贴在来客出示证件处对面的墙上，位置贴得很正，谁都能看见。上面写着："亲爱的室友们，最近是否有人在房间里养宠物？用一个成语来比喻，宿舍最近成了鲍鱼之肆。我们是一个集体，是不能养宠物的。希望大家守纪律，守规矩，讲文明。不要出于自私违背原则，请体会周围同学的心情。不管你是打算临时养宠物，还是长期养宠物，都请主动把宠物送走。"通知下面签着张强和室友的名字。

　　几天后，通知被人撕了下来，墙上贴了一张印刷体说明，写着："亲爱的同学们，对不起，是我在房间里养了几只兔子，给大家带来了不便。我虚心接受批评。现在兔子已经交给我妈妈代养，请求大家原谅我的错误。"

　　就这样，宿舍楼又恢复了平静。

不思議なにおい

　張強が住んでいる宿舎棟の左側は物理学部の実験室で、右側は大学の車庫である。この数日、彼はなんだかにおうなと思うのだが、しっかり嗅ごうとするとそのにおいは消えてしまうということが続いていた。

　ちょうど7月の中旬で、天気は暑く、みんなはオリンピックの開幕式を見ていた。張強は最近、大学の授業が忙しく、論文の要綱の提出だけでなく、論文の題目も修正しなければならなかった。彼を悩ませるくさいにおいは小さいことにすぎないが、宿舎棟は広くなく、部屋の個人スペースが狭いので、くさいにおいからは逃れられないのだ。張強は歯を食いしばって何日間か頑張ったが、この不思議なにおいは彼を眠らせなかった。食事もおいしくなく、すでに彼の健康に危害を及ぼしていた。

　張強は同じ寮の仲間の意見を広く求めたが、一部屋一部屋たずねて回るわけにもいかないので、お知らせを1枚書いて、来客が身分証明書を提示するところの真正面の壁にのりで貼り付けた。まっすぐ貼り付けたので誰にでも見える。お知らせには「親愛なる寮生の皆さん、最近部屋でペットを飼っている人はいないでしょうか。ある成語に喩えると、寮が最近、「鮑魚之肆(塩漬けの魚の店)」になっています。私達は集団生活なので、ペットを飼ってはいけないのです。皆さんが規律を守り、決まりに従い、マナーを守るようお願いします。自分勝手に原則に背くことなく周囲の皆さんの気持ちを理解してください。一時的にペットを飼うつもりでも、あるいはずっと飼いたいと思っているにしても、いずれも自主的にペットは寮から連れ出してください」と書いた。お知らせの下に張強とルームメイトが署名した。

　数日後、お知らせがはがされ、壁には印刷された1枚の説明が貼られていた。そこには「親愛なる皆さん、申し訳ありません。私が部屋でウサギを数匹飼っていて、皆さんにご不便をおかけしました。私は謙虚にご批判を承ります。現在ウサギはすでに私の母に預けて代わりに飼ってもらっています。皆さんどうか私の過ちを許してくださいますようお願いいたします」と書いてあった。

　こうして、宿舎棟はまた平穏を取り戻した。

各有所爱　人にはそれぞれ好みがある　099

[STEP 1]　今日習得すべき単語を、聞き取れるまで繰り返し聞いてください。

果然 guǒrán
（副）案の定、やはり

营业 yíngyè
（動）営業する

影子 yǐngzi
（名）影

游览 yóulǎn
（動）遊覧する、
見物する

狮子 shīzi
（名）獅子、ライオン

大象 dàxiàng
（名）ゾウ

尾巴 wěiba
（名）尾、しっぽ

老鼠 lǎoshǔ
（名）ネズミ

拼音 pīnyīn
（名）ピンイン、
（中国語の表音の）
ローマ字表記

声调 shēngdiào
（名）声調、四声

平常 píngcháng
（形／名）普通である／
普段

录音 lùyīn
（動）録音する

训练 xùnliàn
（動）訓練する

自豪 zìháo
（形）誇らしい

亲自 qīnzì
（副）自分で、自ら

胡同 hútòng
（名）路地、小路

军事 jūnshì
（名）軍事

博物馆 bówùguǎn
（名）博物館

武术 wǔshù
（名）武術

心脏 xīnzàng
（名）心臓

领域 lǐngyù
（名）分野

管子 guǎnzi
（名）管、パイプ

挂号 guàhào
（動）（病院などで）申し込む、
手続きする

诊断 zhěnduàn
（動）診断する

吻 wěn
（動）口づけする

灵活 línghuó
（形）敏捷である、すばしこい

业余 yèyú
（形）余暇の、勤務以外の

象棋 xiàngqí
（名）中国将棋

急诊 jízhěn
（名）救急診療、急診

推辞 tuīcí
（動）断わる、辞退する

对手 duìshǒu
（名）相手、ライバル

痛快 tòngkuài
（形）痛快である、
気持ちがよい

兼职 jiānzhí
（動）兼職する、兼務する

利润 lìrùn
（名）利潤、利益

类型 lèixíng
（名）類型、タイプ

复制 fùzhì
（動）複製する、コピーする

各有所爱

　　中国有句俗话："萝卜白菜，各有所爱。"_____，在生活中认识的人越多，越能体会到这句话的正确性，就拿我周围的几个朋友来说吧。小李喜欢动物，自己家里养着金鱼、八哥、猫和狗不说，只要休息日动物园_____，家里就连他的_____都看不见了，他准在动物园里_____，除了_____、_____，只要是长_____的，就连猪和_____他都看得津津有味。

　　而田中喜欢学汉语，虽然_____和_____很难，但只要_____有时间，他就听_____、_____发音。现在已经能用汉语说出许多完整的句子啦。田中对此特别_____。他想以后能_____到中国看看北京的_____和_____ _____，还想学学中国_____。

　　还有一个朋友老张是有名的_____ _____专家，熟悉做心脏手术病人身上的每一根_____。很多患者专门来医院排队_____，为的就是让他给_____一下病情。据说他做手术的误差是零厘米，有一双被上帝_____过的_____的手。他的_____爱好是下_____，只要不出_____，有人约他下棋，他从不_____。要是赶上棋逢_____，他就下得更_____啦，能不吃不喝地下上一天棋。我们开玩笑说他_____下棋，可惜没有_____。

　　世上有千百种不同_____的人，每个人有每个人的个性，不能模仿_____。尊重他人的兴趣爱好，允许别人和自己不一样，这才是真正的交友之道吧。

❶ 赤いシートを当てて、本文を見ながら聞き、見えない箇所の単語をチェックしてください。
❷ 赤いシートを外して、本文を見ながら聞き、聞き取った単語が合っているか、確認してください。
❸ 本文を見ないで聞き、全体の意味が把握できるか確認してください。

各有所爱

　　中国有句俗话："萝卜白菜，各有所爱。"果然，在生活中认识的人越多，越能体会到这句话的正确性，就拿我周围的几个朋友来说吧。小李喜欢动物，自己家里养着金鱼、八哥、猫和狗不说，只要休息日动物园营业，家里就连他的影子都看不见了，他准在动物园里游览，除了狮子、大象，只要是长尾巴的，就连猪和老鼠他都看得津津有味。

　　而田中喜欢学汉语，虽然拼音和声调很难，但只要平常有时间，他就听录音、训练发音。现在已经能用汉语说出许多完整的句子啦。田中对此特别自豪。他想以后能亲自到中国看看北京的胡同和军事博物馆，还想学学中国武术。

　　还有一个朋友老张是有名的心脏领域专家，熟悉做心脏手术病人身上的每一根管子。很多患者专门来医院排队挂号，为的就是让他给诊断一下病情。据说他做手术的误差是零厘米，有一双被上帝吻过的灵活的手。他的业余爱好是下象棋，只要不出急诊，有人约他下棋，他从不推辞。要是赶上棋逢对手，他就下得更痛快啦，能不吃不喝地下上一天棋。我们开玩笑说他兼职下棋，可惜没有利润。

　　世上有千百种不同类型的人，每个人有每个人的个性，不能模仿复制。尊重他人的兴趣爱好，允许别人和自己不一样，这才是真正的交友之道吧。

人にはそれぞれ好みがある

　中国には、「蘿卜白菜，各有所爱（蓼食う虫も好き好き、人の好みはさまざまである）」ということわざがある。やはり、生活の中で、知り合う人が多ければ多いほど、この言葉が正しいことを体得できる。周りの何人かの友達について言えば、李さんは動物が好きで、自宅で金魚、九官鳥、猫や犬を飼っているのは言うまでもなく、休みの日に動物園が開いてさえいれば、家には彼の影さえも見えなくなり、必ず動物園で動物を見ている。ライオン、ゾウ以外は、しっぽさえあれば、ブタやネズミ、彼は何でも興味津々である。

　一方、田中さんは中国語を学ぶのが好きで、ピンインや声調は難しいが、普段時間さえあれば録音を聴き、発音の練習をする。今ではすでに中国語で多くの完全なセンテンスを言えるようになっている。田中さんはこのことをとりわけ誇らしく思っている。彼は今後、自ら中国に行って北京の路地や軍事博物館を見てみたいと思っている。また中国の武術も学んでみたいと思っている。

　もう一人の友達の張さんは有名な心臓分野の専門家で、心臓手術を受ける患者の体の中のあらゆる血管について熟知している。多くの患者が彼に病状を診断してもらうためにわざわざ病院に来て並んで受付の手続きをする。彼が行う手術は誤差ゼロセンチメートルで、神様にキスされた敏捷な腕を持っているそうだ。彼の余暇の趣味は中国将棋を指すことである。急診がなく将棋に誘う人がいれば彼はこれまで一度も断ったことがない。もし、折よく好敵手に巡り合えたら彼はもっと気分がよくなり、食べず飲まずで一日中将棋を指すことができる。私たちは、彼は将棋を兼職しているが、残念ながらもうけはないと冗談を言う。

　世の中には、数多くの異なるタイプの人がいるが、各人それぞれの個性があり、まねして複製することはできない。他人の興味や趣味を尊重し、他人が自分と違うことを認める、そのことこそ本当の人づきあいの方法なのであろう。

昆明湖里的文蛤　昆明湖のハマグリ　101

[STEP 1]　今日習得すべき単語を、聞き取れるまで繰り返し聞いてください。

香肠 xiāngcháng
（名）腸詰め、
ソーセージ

胃 wèi
（名）胃、胃袋

划 huá
（动）舟をこぐ

岸 àn
（名）岸

建筑 jiànzhù
（名）建築物、建物

谦虚 qiānxū
（形）謙虚である

教练 jiàoliàn
（名）コーチ、監督

初级 chūjí
（形）初級の

测验 cèyàn
（动）測定する、
テストする

及格 jígé
（动）合格する

青 qīng
（形）青色の、青い

冠军 guànjūn
（名）優勝、優勝者、
チャンピオン

着火 zháohuǒ
（动）火事になる、
失火する、燃える

片 piàn
（量）状況・音声・気持ち・
地面・水面などに用い、
ある広い範囲や程度を示す

使劲 shǐjìn
（动）力を入れる

调皮 tiáopí
（形）腕白である、
いたずらである

吐 tǔ
（动）吐く、吐き出す

透明 tòumíng
（形）透明である

拐弯 guǎiwān
（动）角を曲がる、カーブする

捡 jiǎn
（动）拾う

圆 yuán
（形）まるい

甩 shuǎi
（动）振る、振り回す

假装 jiǎzhuāng
（动）ふりをする、装う

直 zhí
（形）まっすぐである

重大 zhòngdà
（形）重大な

瞎 xiā
（动）失明する、
目が見えなくなる

废话 fèihuà
（名）よけいな話、むだ話

玩具 wánjù
（名）玩具、おもちゃ

昆明湖里的文蛤

　　还是小学生的时候，和父母一块儿最常去的是颐和园。带些＿＿＿＿、面包、鸡蛋，中午用它们填饱＿＿＿＿。常常一呆就是一天。

　　那时候昆明湖里不光可以＿＿＿＿船，还可以游泳。＿＿＿＿边设有可以更衣和淋浴的＿＿＿＿，很方便。毫不＿＿＿＿地说，我很会游泳，父母就是我的＿＿＿＿，小小年纪的我在游泳＿＿＿＿水平的＿＿＿＿中已经＿＿＿＿了。后来甚至＿＿＿＿出于蓝而胜于蓝，我成了家里的游泳＿＿＿＿，父母的泳速都落后于我了。

　　夏日天气像＿＿＿＿般炎热，水里却是一＿＿＿＿清凉。东西南北＿＿＿＿游上一会儿，就仰躺在水面上休息。看＿＿＿＿的小鱼＿＿＿＿着泡泡游过我身边，看蓝得＿＿＿＿的天空。

　　一天，在十七孔桥＿＿＿＿的水域＿＿＿＿到一只巨大的＿＿＿＿形文蛤，有一个小孩儿脑袋那么大。把我吓得＿＿＿＿手就把这家伙丢回了水里，然后＿＿＿＿镇定地用最短的＿＿＿＿线游回了岸边。

　　以后我逢人就诉说这个＿＿＿＿发现，昆明湖里有一只巨大的文蛤，大到只要眼不＿＿＿＿，隔老远都能看见。可是没有人肯相信一个小孩子的"＿＿＿＿"。直到现在我还记得那只文蛤，它一定也被我这样突然光临的不速之客吓了一跳吧。

　　后来很长的一段时间里，我生活的一部分就是游泳。游着游着，很多岁月就过去了。

　　再后来，我不再游泳，不再骑自行车，不再喜欢＿＿＿＿。但还是会偶尔想起：当年昆明湖里那只文蛤，它后来怎么样了？

❶ 赤いシートを当てて、本文を見ながら聞き、見えない箇所の単語をチェックしてください。
❷ 赤いシートを外して、本文を見ながら聞き、聞き取った単語が合っているか、確認してください。
❸ 本文を見ないで聞き、全体の意味が把握できるか確認してください。

昆明湖里的文蛤

还是小学生的时候，和父母一块儿最常去的是颐和园。带些香肠、面包、鸡蛋，中午用它们填饱胃。常常一呆就是一天。

那时候昆明湖里不光可以划船，还可以游泳。岸边设有可以更衣和淋浴的建筑，很方便。毫不谦虚地说，我很会游泳，父母就是我的教练，小小年纪的我在游泳初级水平的测验中已经及格了。后来甚至青出于蓝而胜于蓝，我成了家里的游泳冠军，父母的泳速都落后于我了。

夏日天气像着火般炎热，水里却是一片清凉。东西南北使劲游上一会儿，就仰躺在水面上休息。看调皮的小鱼吐着泡泡游过我身边，看蓝得透明的天空。

一天，在十七孔桥拐弯的水域捡到一只巨大的圆形文蛤，有一个小孩儿脑袋那么大。把我吓得甩手就把这家伙丢回了水里，然后假装镇定地用最短的直线游回了岸边。

以后我逢人就诉说这个重大发现，昆明湖里有一只巨大的文蛤，大到只要眼不瞎，隔老远都能看见。可是没有人肯相信一个小孩子的"废话"。直到现在我还记得那只文蛤，它一定也被我这样突然光临的不速之客吓了一跳吧。

后来很长的一段时间里，我生活的一部分就是游泳。游着游着，很多岁月就过去了。

再后来，我不再游泳，不再骑自行车，不再喜欢玩具。但还是会偶尔想起：当年昆明湖里那只文蛤，它后来怎么样了？

昆明湖のハマグリ

　まだ小学生の時、両親と一緒に一番よく行ったのは頤和園だった。ソーセージ、パン、卵を持って、お昼にはそれを食べておなかをいっぱいにした。行けばいつも一日がかりだった。

　その頃、昆明湖ではボートをこぐことができただけでなく、泳ぐこともできた。岸辺には着替えができ、シャワーを浴びられる建物があって、とても便利だった。全く謙遜せずに言うと、私は泳ぎが得意で、両親は私のコーチだった。幼い私は水泳の初級レベルのテストにすでに合格していた。その後、青は藍より出でて藍より青しというところにまで到達した。私は我家の水泳のチャンピオンになり、両親の泳ぐスピードはもう私に後れを取っていた。

　夏の天気は燃えるように暑いけれど、水の中は見渡す限りすがすがしく涼しかった。四方八方、力をこめてしばらく泳いで、水面にあおむけになって休んでいた。いたずらな小魚が泡を吐きながら私の身の回りを泳いでいくのを見、真っ青な空を眺めていた。

　ある日、十七孔橋の角を曲がった水辺のあたりで大きな丸いハマグリを一つ拾った。子供の頭ほどの大きさのものだった。私はびっくりして腕を振ってそいつを投げ、水の中に戻してやった。そして、平静を装って、まっすぐ最短距離を泳いで岸辺に戻った。

　その後、私は人に会うと、この重大な発見を話した。昆明湖には大きなハマグリがいて、その大きさは目が見えなくならない限り、ずいぶん離れた所からも見えるほどだよと。しかし、子供のしゃべる「つまらない話」など信じてくれる人はいなかった。今になっても私はまだあのハマグリのことを覚えている。ハマグリもきっと私のような突然訪れた招かれざる客に驚いたことであろう。

　その後長い間、私の生活の一部分は水泳そのものだった。泳いでいるうちにずいぶん歳月が過ぎ去ってしまった。

　更にその後、私はもう泳がなくなり、もう自転車に乗らなくなり、もうおもちゃを好きでなくなった。しかし、やはりときおり思い出す、あの時の昆明湖のあのハマグリはその後どうなったのかなと。

家庭主妇和职业女性

専業主婦とキャリアウーマン `103`

[STEP 1] 今日習得すべき単語を、聞き取れるまで繰り返し聞いてください。

辩论 biànlùn
（動）議論する、
論争する

艰巨 jiānjù
（形）きわめて困難である

自愿 zìyuàn
（動）自分から進んでする、
自ら望んでする

运用 yùnyòng
（動）運用する、活用する

发挥 fāhuī
（動）発揮する

整体 zhěngtǐ
（名）全体、総体

分配 fēnpèi
（動）分配する、
分け与える

主观 zhǔguān
（形）主観的な

浇 jiāo
（動）（水などの液体を）
注ぐ、かける

威胁 wēixié
（動）威嚇する、
おびやかす

机器 jīqì
（名）機械

内部 nèibù
（名）内部

数 shǔ
（動）数える

归纳 guīnà
（動）論理的にまとめる、
要約する

人事 rénshì
（名）人事

紧急 jǐnjí
（形）緊急である

古代 gǔdài
（名）古代

近代 jìndài
（名）近代

改革 gǎigé
（動）改革する

如今 rújīn
（名）当今、いまごろ

扩大 kuòdà
（動）拡大する

生产 shēngchǎn
（動）生産する、産出する

建设 jiànshè
（動）建設する

经商 jīngshāng
（動）商売をする、
商業を営む

合同 hétóng
（名）契約

列车 lièchē
（名）列車

维修 wéixiū
（動）修理維持する、
補修する

政治 zhèngzhì
（名）政治

外交 wàijiāo
（名）外交

家庭主妇和职业女性

是"为孩子过主妇的一生"，还是"为自己过自由的一生"？这是一个让很多人＿＿＿＿＿不休的问题。女性想要事业和家庭两立，是一个非常＿＿＿＿＿的过程。

＿＿＿＿＿当一世的贤妻良母，还是＿＿＿＿＿在学校得到的知识，在事业上＿＿＿＿＿能力，努力实现自我？从被问到的女性＿＿＿＿＿来看，有人憧憬前者，有人向往后者。但理想虽然丰满，现实永远骨感。想把投在家庭和事业上的精力＿＿＿＿＿平衡，＿＿＿＿＿愿望虽好，却很难付诸实践。一个环节脱落，就能给主妇当头＿＿＿＿＿上一盆冷水，＿＿＿＿＿并破坏她岁月静好的日子：孩子生病、婆媳关系、经济问题、老公出轨，都会影响家庭＿＿＿＿＿＿＿＿＿＿的正常运转。

而当职业女性也要面对＿＿＿＿＿不清的艰辛，＿＿＿＿＿起来有：工作竞争、职场上的种种＿＿＿＿＿纠纷、升职的烦恼等等。事业道路不可能总是那么平，不知道在哪儿就会遇到＿＿＿＿＿情况。所以很难说职业女性和全职主妇哪个好哪个坏。

和＿＿＿＿＿、＿＿＿＿＿相比，社会经过了不断＿＿＿＿＿发展，＿＿＿＿＿女性进入社会的队伍在不断＿＿＿＿＿，从事＿＿＿＿＿ ＿＿＿＿＿的女性在日益增多。她们和男性一样＿＿＿＿＿，签订＿＿＿＿＿，驾驶＿＿＿＿＿，＿＿＿＿＿机器，参加＿＿＿＿＿活动，从事＿＿＿＿＿。

对成千上亿的女性来说，无论留在家庭，还是走进职场，恐怕都得先放弃一些已经到手的东西，只有做到这一点，才能真正完成人生的华丽转身。

❶ 赤いシートを当てて、本文を見ながら聞き、見えない箇所の単語をチェックしてください。
❷ 赤いシートを外して、本文を見ながら聞き、聞き取った単語が合っているか、確認してください。
❸ 本文を見ないで聞き、全体の意味が把握できるか確認してください。

家庭主妇和职业女性

是"为孩子过主妇的一生"，还是"为自己过自由的一生"？这是一个让很多人辩论不休的问题。女性想要事业和家庭两立，是一个非常艰巨的过程。

自愿当一世的贤妻良母，还是运用在学校得到的知识，在事业上发挥能力，努力实现自我？从被问到的女性整体来看，有人憧憬前者，有人向往后者。但理想虽然丰满，现实永远骨感。想把投在家庭和事业上的精力分配平衡，主观愿望虽好，却很难付诸实践。一个环节脱落，就能给主妇当头浇上一盆冷水，威胁并破坏她岁月静好的日子：孩子生病、婆媳关系、经济问题、老公出轨，都会影响家庭机器内部的正常运转。

而当职业女性也要面对数不清的艰辛，归纳起来有：工作竞争、职场上的种种人事纠纷、升职的烦恼等等。事业道路不可能总是那么平，不知道在哪儿就会遇到紧急情况。所以很难说职业女性和全职主妇哪个好哪个坏。

和古代、近代相比，社会经过了不断改革发展，如今女性进入社会的队伍在不断扩大，从事生产建设的女性在日益增多。她们和男性一样经商，签订合同，驾驶列车，维修机器，参加政治活动，从事外交。

对成千上亿的女性来说，无论留在家庭，还是走进职场，恐怕都得先放弃一些已经到手的东西，只有做到这一点，才能真正完成人生的华丽转身。

専業主婦とキャリアウーマン

「子供のために主婦として一生を送る」のか、それとも「自分のために自由な生涯を送る」のか。これは多くの人が議論してやまない問題である。女性が仕事と家庭を両立させたいと望んでも非常に困難な過程がある。

自ら望んで一生良妻賢母を通すのか、それとも学校で得た知識を活用して仕事で能力を発揮し、自己実現に励むのか。それを問われた女性の全体からみると、前者に憧れる人もいれば、後者に魅力を感じる人もいる。しかし、理想は豊かで美しいが、現実はいつもゆとりがなく厳しいものである。家庭と仕事に注ぎ込む精力をバランスよく配分しようとするのは、主観的な願望としては好ましいが、実践に移すのはとても難しい。どこか一部分が脱落すると、主婦は頭からたらい一杯の冷水を浴びせられ、その女性の穏やかで仲睦まじい日々の暮らしは脅かされ、壊されることになる。子供の病気、嫁姑の関係、経済的問題、夫の浮気はどれも家庭という機械内部の正常な運転に影響を及ぼす。

一方、キャリアウーマンになっても数えきれないほどの苦労に直面する。要約すると、仕事上の競争、職場でのいろいろな人事的トラブル、昇進の悩み等々である。仕事の道はいつもそんなに平坦であることなどあり得ない。どこで緊急事態に遭遇するかわからない。だから、キャリアウーマンと専業主婦のどっちがよいか、どっちが悪いかは言い難い。

古代や近代と比べて、（現代）社会は絶え間ない改革と発展を経験してきた。今、女性は社会の隊列に加わり、絶えず大きく広がり、生産、建設に従事する女性も日に日に増えている。女性たちは男性と同等に商売をし、契約を結び、列車を運転し、機械を修理し、政治活動に参加し、外交に携わっている。

何千何万という女性にとって、家庭に留まるにしても、職場に入るにしても、おそらくまずすでに手に入れたものを手放さなければならないときがくるだろう。そこに到達したときにはじめて、本当に人生における華麗なる転身が果たせるのである。

终活 终活 [105]

[STEP 1] 今日習得すべき単語を、聞き取れるまで繰り返し聞いてください。

针对 zhēnduì
（動）…に対して…する、
…に焦点を合わせる

系统 xìtǒng
（名 / 形）系統 /
系統的である

项链 xiàngliàn
（名）ネックレス

看望 kànwàng
（動）訪問する、見舞う

届 jiè
（量）定期会議や卒業の
年度を数える

光盘 guāngpán
（名）光ディスク、
CD-ROM、CD、DVD

胜利 shènglì
（動）勝利する、勝つ

士兵 shìbīng
（名）兵士

英雄 yīngxióng
（名）英雄

劳驾 láojià
（動）足を運んでいただく、
手数をかける

缩短 suōduǎn
（動）短縮する、縮める

牛仔裤 niúzǎikù
（名）ジーパン

注册 zhùcè
（動）登記する、登録する

文件 wénjiàn
（名）公文書、文書

进口 jìnkǒu
（動）輸入する

糊涂 hútu
（形）はっきりしない、愚かだ

资金 zījīn
（名）資金

目录 mùlù
（名）目録

法院 fǎyuàn
（名）裁判所

剪刀 jiǎndāo
（名）はさみ

酱油 jiàngyóu
（名）醬油

火柴 huǒchái
（名）マッチ

元旦 Yuándàn
（名）元旦、元日

展览 zhǎnlǎn
（動）展覧する、展示する

宣传 xuānchuán
（動）宣伝する、広報する

欧洲 Ōuzhōu
（名）欧州、ヨーロッパ

批准 pīzhǔn
（動）承認する、許可する

牙齿 yáchǐ
（名）歯

硬 yìng
（形）かたい

退步 tuìbù
（動）退歩する、後退する

上当 shàngdàng
（動）わなにはまる、
だまされる

志愿者 zhìyuànzhě
（名）ボランティア

[STEP 2] STEP1 の単語を上から順番に、発音しながら_____に書き入れてください。

终活

　　有个学日语的朋友写作文时遇到一个词——"终活"，来问我什么意思。终活是指人们_____死亡而做的有_____、有规划的多项准备活动。比如写遗嘱，处理_____珠宝等身外物，最后_____一次当年同_____毕业的朋友，从喜欢的_____里寻找葬礼上的音乐，购买墓地等。

　　在人生这个战场上，没有_____的_____，更没有_____，每个人最后都会输给死亡，把自己走后的事提前安排好，不_____孩子或亲戚处理后事，这就是终活。有关"终活"，老人们比较关心的问题有：

　　77 岁：宠物如果不因意外_____寿命，大概会比我长寿，我该怎么处理它？

　　63 岁：不穿的_____等衣物怎么处理？

　　66 岁：_____的公司准备关门，怎样才能安全处理_____？还有很多_____办公文具，有接收的地方吗？

　　75 岁：趁着还没_____，想把作为老后_____存下的钱捐给有困难的人，在哪里捐？

　　81 岁：写好了遗产_____，需要通过_____办理手续吗？

　　65 岁：厨房用品只想留下最小限的_____、_____、_____等，有人能帮忙收拾一下吗？

　　89 岁：想在_____办人生中第一次和最后一次字画_____，怎么_____？

　　81 岁：想最后去_____旅行一次，不知道像我这么大年纪能不能被_____坐飞机？另外，_____已经咬不动_____东西，体力智力都比以前_____很多，路上也怕_____受骗，有没有_____陪同旅游？到哪里去找？

　　死前不留遗憾，这就是终活的真正意义所在。

155

❶ 赤いシートを当てて、本文を見ながら聞き、見えない箇所の単語をチェックしてください。
❷ 赤いシートを外して、本文を見ながら聞き、聞き取った単語が合っているか、確認してください。
❸ 本文を見ないで聞き、全体の意味が把握できるか確認してください。

终活

　　有个学日语的朋友写作文时遇到一个词——"终活"，来问我什么意思。终活是指人们针对死亡而做的有系统、有规划的多项准备活动。比如写遗嘱，处理项链珠宝等身外物，最后看望一次当年同届毕业的朋友，从喜欢的光盘里寻找葬礼上的音乐，购买墓地等。

　　在人生这个战场上，没有胜利的士兵，更没有英雄，每个人最后都会输给死亡，把自己走后的事提前安排好，不劳驾孩子或亲戚处理后事，这就是终活。有关"终活"，老人们比较关心的问题有：

　　77 岁：宠物如果不因意外缩短寿命，大概会比我长寿，我该怎么处理它？

　　63 岁：不穿的牛仔裤等衣物怎么处理？

　　66 岁：注册的公司准备关门，怎样才能安全处理文件？还有很多进口办公文具，有接收的地方吗？

　　75 岁：趁着还没糊涂，想把作为老后资金存下的钱捐给有困难的人，在哪里捐？

　　81 岁：写好了遗产目录，需要通过法院办理手续吗？

　　65 岁：厨房用品只想留下最小限的剪刀、酱油、火柴等，有人能帮忙收拾一下吗？

　　89 岁：想在元旦办人生中第一次和最后一次字画展览，怎么宣传？

　　81 岁：想最后去欧洲旅行一次，不知道像我这么大年纪能不能被批准坐飞机？另外，牙齿已经咬不动硬东西，体力智力都比以前退步很多，路上也怕上当受骗，有没有志愿者陪同旅游？到哪里去找？

　　死前不留遗憾，这就是终活的真正意义所在。

終活

　日本語を学んでいるある友達が作文を書く時に「終活」という言葉に出会い、私にどういう意味なのか尋ねてきた。終活は人々が死を対象に行う系統的、計画的な種々の準備活動を指す。例えば、遺書を書き、ネックレスや宝石など個人の体以外の物を処理し、同期卒業の友達を最後に訪問し、好みの CD から葬儀の音楽を探し、墓地を購入することなどである。

　人生というこの戦場では、戦いに勝つ兵士はいないし、英雄などなおさらいない。人は誰しも最後には死に負けてしまう。自分が亡くなった後の事を前もって手はずを整え、子供や親戚の人が死後の後始末に煩わされないようにする、これが終活なのである。「終活」について、お年寄りが比較的関心を持っているのは次のことである。

　77 歳：もし、ペットが不慮のことで寿命を縮めることがなければ、おそらく自分より長生きすることになるだろう。ペットをどうしたらいいのだろうか。

　63 歳：穿かないジーパンなどの衣類はどう処分したらいいのだろうか。

　66 歳：登記した会社を閉める準備をするが、どうしたら安全に書類を処理できるのだろうか。また輸入した事務用文房具がたくさんあるが、引き取ってくれるところはあるのだろうか。

　75 歳：まだ頭がはっきりしているうちに、老後の資金として貯めた金を生活に困っている人に寄付したいが、どこに寄付すればいいのだろうか。

　81 歳：遺産目録を書き上げたが、裁判所での手続きをする必要があるのだろうか。

　65 歳：台所用品は最小限にしてはさみ、醤油、マッチなどだけを残したいが、誰か片づけを手伝ってくれる人はいないだろうか。

　89 歳：元日に人生最初で最後の書画展を開きたいが、どのように宣伝したらいいのだろうか。

　81 歳：最後に一度ヨーロッパ旅行に行きたいが、こんなに年を取った者が飛行機に乗ることを許可されるのだろうか。それから、歯はもう硬いものをかめないし、体力知力ともに以前よりはるかに衰えて、旅行中、騙されることも心配だ、旅行に同行してくれるボランティアはいるだろうか。どこに行って探したらいいのだろうか。

　死ぬ前に悔いを残さない、これこそが終活の本当の意義があるところである。

十里不同风

＋里離れると風習も異なる　**107**

[STEP 1]　今日習得すべき単語を、聞き取れるまで繰り返し聞いてください。

分布 fēnbù
（動）分布する

地理 dìlǐ
（名）地理

风俗 fēngsú
（名）風俗

玉米 yùmǐ
（名）トウモロコシ

粮食 liángshi
（名）食糧

好客 hàokè
（形）客好きである

招待 zhāodài
（動）接待する、
もてなす

油炸 yóu zhá
（動）油で揚げる

紫 zǐ
（形）紫色の

至于 zhìyú
（介）…に至っては、
…については

称呼 chēnghu
（名）呼び方、呼び名

公元 gōngyuán
（名）西暦紀元

国王 guówáng
（名）国王

命令 mìnglìng
（名 / 動）命令 /
命令する

匹 pǐ
（量）匹、頭

枪 qiāng
（名）銃

沙漠 shāmò
（名）砂漠

烫 tàng
（形）（過度に）熱い

昆虫 kūnchóng
（名）昆虫

披 pī
（動）（肩に）掛ける、はおる

挡 dǎng
（動）遮る、覆う

洒 sǎ
（動）注ぐ、（水などを）まく

蹲 dūn
（動）しゃがむ、うずくまる

外公 wàigōng
（名）母方の祖父

盖 gài
（動）覆いかぶせる、
ふたをする

梨 lí
（名）梨

吸取 xīqǔ
（動）吸収する、取り入れる

铃 líng
（名）鈴

传播 chuánbō
（動）広める、散布する

［STEP 2］ STEP1 の単語を上から順番に、発音しながら________に書き入れてください。

十里不同风

中国辽阔的土地上________着很多省市自治区，俗话说：“十里不同风，百里不同俗。”________位置不同，文化________和饮食习惯就不一样。比如，有的地方把________当作主要________吃，而在北京，玉米是健康食品，也就是所谓的粗粮，并不经常食用。

虽然每个地方的人都________，但________客人时的料理方法却不同。有的地方喜欢________，有的地方喜欢炒，还有的地方喜欢清蒸。

对颜色的喜好也因地域而不同。比如________色，在有的地方代表着富贵，所以北京的故宫又叫紫禁城。而在某些地方，紫色却代表着消极，让人联想到灾害。

________对东西的________，每个地方的本地话都不尽相同，我们称为扁豆的，到了四川就被称为四季豆。所以中国的电视剧和新闻一般都配有字幕，以方便视听者。

再比如盖碗茶，在________1251 年就出现了，据说有个被________ ________用几________马运送________支等军需物品的人，叫瞻思丁，在鄯阐城的________附近率士兵修建清真寺，天气热得叫人浑身发________，连________都不见了踪影。瞻思丁头上________着一块布遮________阳光，________汗如雨地干活儿，实在坚持不住，先是________下，后来歪倒在地上。这时一个看上去和他________年纪差不多大的老人递给他一杯________着盖子的用茶叶、果干、菊花泡的茶，瞻思丁一尝，感觉像喝了________汁一样甘美，这杯茶让他________到了巨大的力量。后来，喝盖碗茶的习惯就在能听到悦耳驼________的西北________开来。但住在其他地方的人并没有喝它的习惯。

[STEP 3] 本文を聞いてください。108

❶ 赤いシートを当てて、本文を見ながら聞き、見えない箇所の単語をチェックしてください。
❷ 赤いシートを外して、本文を見ながら聞き、聞き取った単語が合っているか、確認してください。
❸ 本文を見ないで聞き、全体の意味が把握できるか確認してください。

十里不同风

中国辽阔的土地上分布着很多省市自治区，俗话说：“十里不同风，百里不同俗。”地理位置不同，文化风俗和饮食习惯就不一样。比如，有的地方把玉米当作主要粮食吃，而在北京，玉米是健康食品，也就是所谓的粗粮，并不经常食用。

虽然每个地方的人都好客，但招待客人时的料理方法却不同。有的地方喜欢油炸，有的地方喜欢炒，还有的地方喜欢清蒸。

对颜色的喜好也因地域而不同。比如紫色，在有的地方代表着富贵，所以北京的故宫又叫紫禁城。而在某些地方，紫色却代表着消极，让人联想到灾害。

至于对东西的称呼，每个地方的本地话都不尽相同，我们称为扁豆的，到了四川就被称为四季豆。所以中国的电视剧和新闻一般都配有字幕，以方便视听者。

再比如盖碗茶，在公元 1251 年就出现了，据说有个被国王命令用几匹马运送枪支等军需物品的人，叫瞻思丁，在鄯阐城的沙漠附近率士兵修建清真寺，天气热得叫人浑身发烫，连昆虫都不见了踪影。瞻思丁头上披着一块布遮挡阳光，洒汗如雨地干活儿，实在坚持不住，先是蹲下，后来歪倒在地上。这时一个看上去和他外公年纪差不多大的老人递给他一杯盖着盖子的用茶叶、果干、菊花泡的茶，瞻思丁一尝，感觉像喝了梨汁一样甘美，这杯茶让他吸取到了巨大的力量。后来，喝盖碗茶的习惯就在能听到悦耳驼铃的西北传播开来。但住在其他地方的人并没有喝它的习惯。

十里離れると風習も異なる

　果てしなく広い中国の土地には多くの省、市、自治区が分布している。俗に「十里離れると土地の風習が異なり、百里隔たると風俗習慣が違う」と言う。地理上の位置が違えば、文化・風俗や飲食・習慣が異なる。例えば、ある地域ではトウモロコシを主要な食糧とするが、一方、北京ではトウモロコシは健康食品である。つまりいわゆる雑穀であり、決して常食するものではない。

　どの地域の人もみんな客好きではあるが、お客を接待する時の調理方法は異なる。ある地域では油で揚げるのを好み、ある地域では炒めるのを好み、またある地域では蒸籠で蒸すのを好む。

　色彩に対する好みも地域によって異なる。例えば、紫色は、ある地域では富貴を表している。だから、北京の故宮は紫禁城とも言う。しかし、ある地域では紫色はマイナスのイメージを表し、人に災害を連想させるのである。

　物の呼び方については、それぞれの地域の言葉によってみな違う。我々が「扁豆（サヤインゲン）」という物が、四川に行くと、「四季豆」と呼ばれる。従って中国のテレビドラマやニュースには視聴者の便宜をはかって普通字幕がついている。

　また、例えば蓋つきの茶碗で飲むお茶は、西暦 1251 年に現れた。国王の命令で数頭の馬に引かせて銃器等の軍需品を運んでいた人がいたそうだ。その人は名前を瞻思丁といい、鄯闡城の砂漠付近で兵士を率いて清真寺（イスラム寺院）を修築していた。天気は人の体をすっかり焦がしてしまうほど暑く、昆虫の影さえも見られないほどだった。瞻思丁は頭に布をかぶって太陽の光を遮り、汗びっしょりになって働いていた。どうしても我慢できなくなったところでしゃがみこみ、それから地面に倒れ込んだ。その時、見たところ、年齢が瞻思丁の祖父とほぼ同じぐらいの老人が、お茶の葉、ドライフルーツ、菊の花で入れた蓋つきのお茶を一杯彼に手渡した。瞻思丁が飲んでみると、まるで梨のジュースを飲んでいるようなおいしさを感じた。このお茶によって彼は大きな力を吸収した。こうして、蓋つきの茶碗でお茶を飲む習慣が耳に心地良いラクダの鈴の音が響く西北地方に広まった。しかし、他の地域に住んでいる人には特にそういうお茶の飲み方をする習慣はない。

代驾 車の運転代行 109

[STEP 1] 今日習得すべき単語を、聞き取れるまで繰り返し聞いてください。

煤炭 méitàn
（名）石炭

能源 néngyuán
（名）エネルギー

破产 pòchǎn
（动）破産する、倒産する

偷 tōu
（动）盗む

利息 lìxī
（名）利息、利子

兑换 duìhuàn
（动）両替する

赔偿 péicháng
（动）賠償する、弁償する

电池 diànchí
（名）電池

振动 zhèndòng
（动）振動する、揺れ動く

执照 zhízhào
（名）許可書

结账 jiézhàng
（动）勘定する、清算する

收据 shōujù
（名）受取書、領収書

锁 suǒ
（名 / 动）錠 / 鍵をかける

手套 shǒutào
（名）手袋

汽油 qìyóu
（名）ガソリン

合法 héfǎ
（形）合法的である

光明 guāngmíng
（形）明るい、
希望に満ちている

代驾

　　张东是一位代驾公司老板。他的工作是替喝了酒的人把车开回家。在开代驾公司以前，张东还开过一个做＿＿＿＿ ＿＿＿＿的公司，但经营不当，不到一年公司就＿＿＿＿了，为开公司，张东把太太的私房钱都＿＿＿＿出来用了，还贷了很多款，公司一倒，每个月连＿＿＿＿都还不上，不得不把公司的桌椅和电脑都＿＿＿＿成现金＿＿＿＿给了客户。

　　走投无路时，张东想起自己的"本领"是车开得特别好，就用手机软件在网上寻找需要代驾的客人，那时专业的代驾公司几乎是零的状态，从寻找客人到代驾服务全靠个人。张东要让手机＿＿＿＿随时保持足够的电量，手机一＿＿＿＿就连忙抓起来看，不然生意就会被同行抢走。

　　拿到代驾公司的营业＿＿＿＿后，生意越来越好。张东把客人的利益放在第一位。不管遇到醉得多厉害的客人，＿＿＿＿的时候，他都认真地给对方开好＿＿＿＿。有时还会帮客人＿＿＿＿好车，再把客人送到家门口。他工作时总是戴着雪白的＿＿＿＿，保持干净整洁的外表。

　　有一次，他发现客人车子的＿＿＿＿不多了，张东想这位客人第二天可能要开车上班，于是帮客人把汽油加满并垫付了汽油费。

　　最近，张东作为代驾行业代表上了电视节目。他表示，虽然有一些不＿＿＿＿的私人代驾给这个行业抹黑，但他相信随着有关法律的日益完善，代驾这个行业的前途一片＿＿＿＿。

❶ 赤いシートを当てて、本文を見ながら聞き、見えない箇所の単語をチェックしてください。
❷ 赤いシートを外して、本文を見ながら聞き、聞き取った単語が合っているか、確認してください。
❸ 本文を見ないで聞き、全体の意味が把握できるか確認してください。

代驾

　　张东是一位代驾公司老板。他的工作是替喝了酒的人把车开回家。在开代驾公司以前，张东还开过一个做煤炭能源的公司，但经营不当，不到一年公司就破产了，为开公司，张东把太太的私房钱都偷出来用了，还贷了很多款，公司一倒，每个月连利息都还不上，不得不把公司的桌椅和电脑都兑换成现金赔偿给了客户。

　　走投无路时，张东想起自己的"本领"是车开得特别好，就用手机软件在网上寻找需要代驾的客人，那时专业的代驾公司几乎是零的状态，从寻找客人到代驾服务全靠个人。张东要让手机电池随时保持足够的电量，手机一振动就连忙抓起来看，不然生意就会被同行抢走。

　　拿到代驾公司的营业执照后，生意越来越好。张东把客人的利益放在第一位。不管遇到醉得多厉害的客人，结账的时候，他都认真地给对方开好收据。有时还会帮客人锁好车，再把客人送到家门口。他工作时总是戴着雪白的手套，保持干净整洁的外表。

　　有一次，他发现客人车子的汽油不多了，张东想这位客人第二天可能要开车上班，于是帮客人把汽油加满并垫付了汽油费。

　　最近，张东作为代驾行业代表上了电视节目。他表示，虽然有一些不合法的私人代驾给这个行业抹黑，但他相信随着有关法律的日益完善，代驾这个行业的前途一片光明。

車の運転代行

　張東は車の運転代行を引き受ける会社の社長で、その仕事は酒を飲んだ人に代わって車を家まで送り届けることである。運転代行の会社を開業する前は、張東は石炭エネルギーを扱う会社を経営したこともあった。しかし、経営が適当ではなかったため、会社は1年も経たないうちに倒産した。会社を設立するために、張東は妻のへそくりまで全部盗んで使ってしまった。しかも多くのローンも借りていた。会社が倒産すると毎月の利息すらも返すことができず、会社の机や椅子、パソコンも全部現金に換えてクライアントに賠償しなければならなくなった。

　窮地に陥った時、張東は自分の「才能」は車の運転が人一倍うまいことだったと思い、携帯のアプリを使ってネットで運転代行を必要とする客を探した。その当時、運転代行を専門に行う会社はほぼゼロの状態で、顧客を探すことから運転代行サービスまで全部一人でやり繰りするしかなかった。張東は携帯の電池をいつでも十分な容量に保っておかなければならなかった。携帯が振動すればすぐさまつかみ取ってそれを見た。そうしなければ商売は同業者に奪い取られてしまう。

　運転代行会社の営業許可書を手に入れてからは、商売はますます繁盛した。張東は客の利益を第一位においていて、どんなにひどく酔っぱらった客に当たっても、勘定の時には、まじめに相手に領収書を書いた。客に代わって車のカギをしっかりかけ、それからまた客を家の入口まで送る時もあった。彼は仕事の時は、いつも真っ白な手袋をつけ、清潔できちんとした外見を保つよう心がけている。

　ある時、客の車のガソリンが残り少ないことに気づいた。張東はこの客は翌日車で出勤するだろうと思い、そこで客に代わってガソリンを満タンにし、そのうえ、ガソリン代を立て替えた。

　最近、張東は運転代行業界の代表としてテレビ番組に出演した。彼は、一部の非合法の個人運転代行がこの業界の評判を落としているが、関連する法律がますます整うのに従って、この業界の前途は明るいと信じていると語った。

不要轻信别人 軽率に人を信用してはいけない 111

[STEP 1] 今日習得すべき単語を、聞き取れるまで繰り返し聞いてください。

斜 xié
（形 / 动）斜めである /
傾く

狡猾 jiǎohuá
（形）ずる賢い、狡猾な

华裔 huáyì
（名）居留国で出生し、
その国の国籍を取得した
中国系住民

移民 yímín
（动 / 名）移民する、
移住する / 移民、移住者

银 yín
（名）銀

主任 zhǔrèn
（名）主任

实习 shíxí
（动）実習する

输入 shūrù
（动）輸入する

总理 zǒnglǐ
（名）内閣総理大臣、
首相、（中国の）国務院
総理

综合 zōnghé
（动）総合する

方 fāng
（形）方形の、四角い

组 zǔ
（量）組、セット

工业 gōngyè
（名）工業

握手 wòshǒu
（动）握手する

总统 zǒngtǒng
（名）大統領

主席 zhǔxí
（名）主席

标点 biāodiǎn
（名）句読点

样式 yàngshì
（名）様式、デザイン

名片 míngpiàn
（名）名刺

支 zhī
（量）棒状のものを数える

嗯 ǹg
（叹）（肯定・承諾などを表す）
うん、はい、ええ

龙 lóng
（名）龍

射击 shèjī
（动）射撃する

绳子 shéngzi
（名）縄、ひも、ロープ

支票 zhīpiào
（名）小切手

押金 yājīn
（名）保証金、敷金

借口 jièkǒu
（名）言いわけ、口実

证据 zhèngjù
（名）証拠

教训 jiàoxùn
（动 / 名）教訓を与える、
教え諭す / 教訓

不要轻信别人

总有人走_____路，用_____的方法不劳而获，住在悉尼北部海岸的_____熊某，从几十名华人_____申请者那里骗钱和金_____珠宝，最高达到 31 万澳元。

熊某骗人说自己是移民中介的_____，能把想移民的人以先到自己公司_____，再转成雇员的方法，替他们获得签证；还撒谎说能为想移民的人成立商品_____公司，这样他们就能拿到"投资移民"签证。

熊某自称自己与上一届_____阿博特等人是朋友，在一家大型_____商厦的顶层租了个办公室，_____形的桌子上摆着几_____他和_____、商业等各路名人的照片，他平时和人聊天儿时最喜欢用的词语就是某某国大使、_____或者某某协会_____之类的，能不停顿地说出许多名人的名字，连贯得都不用加_____符号。为了骗取人们的信任，熊某衣着的_____和料子也很讲究，口袋里装着_____，口袋上还常常插着一_____金笔。

一名受害者在谈到为什么会上当时说："_____，同在华人社区，都是_____的传人，我一开始就很相信他，为了得到澳洲的永久居留权，我经常自费陪他去练习_____、系着_____攀岩、打高尔夫，还预先用_____付了 15 万澳元的_____，但是两年多过去，没有签证的影子，钱也回不来了。每次找他要，他都找_____躲开，我就觉得不对劲儿，直到报警后，警察找到他骗人的_____，才知道受骗了。这就是惨痛的_____啊。"

167

❶ 赤いシートを当てて、本文を見ながら聞き、見えない箇所の単語をチェックしてください。
❷ 赤いシートを外して、本文を見ながら聞き、聞き取った単語が合っているか、確認してください。
❸ 本文を見ないで聞き、全体の意味が把握できるか確認してください。

不要轻信别人

　　总有人走斜路，用狡猾的方法不劳而获，住在悉尼北部海岸的华裔熊某，从几十名华人移民申请者那里骗钱和金银珠宝，最高达到31万澳元。

　　熊某骗人说自己是移民中介的主任，能把想移民的人以先到自己公司实习，再转成雇员的方法，替他们获得签证；还撒谎说能为想移民的人成立商品输入公司，这样他们就能拿到"投资移民"签证。

　　熊某自称自己与上一届总理阿博特等人是朋友，在一家大型综合商厦的顶层租了个办公室，方形的桌子上摆着几组他和工业、商业等各路名人握手的照片，他平时和人聊天儿时最喜欢用的词语就是某某国大使、总统或者某某协会主席之类的，能不停顿地说出许多名人的名字，连贯得都不用加标点符号。为了骗取人们的信任，熊某衣着的样式和料子也很讲究，口袋里装着名片，口袋上还常常插着一支金笔。

　　一名受害者在谈到为什么会上当时说："嗯，同在华人社区，都是龙的传人，我一开始就很相信他，为了得到澳洲的永久居留权，我经常自费陪他去练习射击、系着绳子攀岩、打高尔夫，还预先用支票付了15万澳元的押金，但是两年多过去，没有签证的影子，钱也回不来了。每次找他要，他都找借口躲开，我就觉得不对劲儿，直到报警后，警察找到他骗人的证据，才知道受骗了。这就是惨痛的教训啊。"

軽率に人を信用してはいけない

いつも間違った道を歩き、狡い方法で労せずして収穫を得る人がいる。シドニーの北部海岸に住む中国系住民の熊某は、数十名の華人移民申請者のところから金銭や金銀宝石を騙し取り、その金額は最高 31 万オーストラリアドルに達した。

熊某は人を騙して、自分は移民仲介会社の主任で、移民を希望する人をまず自分の会社で実習させ、それから雇用に切り替えるという方法で彼らにビザを取得させると約束した。更に移民を希望する人のために商品輸入会社を設立し、そうすることで「投資移民」のビザが得られると嘘をついた。

熊某は、自分はアボット前首相等とは友達だと自称し、大型総合商業ビルの最上階に事務所を借りて、四角いテーブルの上に彼と工業、商業など各方面の名士が握手をしている写真を数セット並べていた。彼は普段、人と雑談をする時に、最も好んで使う言葉は某々国の大使、大統領あるいは某々協会の会長といった類の言葉で、多くの名士の名前をよどみなく言うことができ、句読点もいらないほど途切れることがない。人々の信頼を騙し取るために、熊某は服装のデザインや生地にはとても気を配っていて、ポケットの中には名刺を入れ、そしてポケットの上にはいつも金ペンの高級万年筆も差していた。

ある被害者がなぜ騙されたかについてこう言っている。「うん、同じ華人のコミュニティにいて、みんな龍の末裔（中国人を意味する）なので、私は初めから彼を信用していた。オーストラリアの永住権を得るために、私はいつも自費で彼のお供をして射撃の練習をし、ロープを吊るしてロッククライミングをし、ゴルフもした。それに前もって小切手で 15 万オーストラリアドルの保証金も支払った。しかし、2 年あまり過ぎたが、ビザの影もなくお金も戻ってこなかった。尋ねていくたびに彼はいつも口実を設けて私を避けていたからおかしいなと思った。警察に通報して彼が人を騙していたという証拠が見つかった時になってやっと騙されていたことがわかった。これは私には悲惨な教訓だよ」と。

索 引

田芳（てん　ほう）

中国・北京生まれ。二松学舎大学大学院中国学専攻博士後期課程満期退学。北京語言大学東京校、武蔵高等学校、一般財団法人霞山会 東亜学院等において長年中国語教育に携わっている。HSK 講座担当の経験が豊富で、中国語検定試験問題作成及び１級面接試験官も担当した。ここ数年、北京の新聞にて不定期に日本関連の記事を掲載。著書に『白話少林易筋内功』（共著　北京広播学院出版社）、『新訂標準中国語作文』（共著　東方書店）、『HSK6 級　読む聴く覚える 2500』（共著　東方書店）がある。

安明姫（あん　めいき）

中国・遼寧省生まれ。早稲田大学大学院日本語教育研究科博士後期課程満期退学。工学院大学、北京語言大学東京校、一般財団法人霞山会 東亜学院等で長年中国語教育に従事している。企業内研修及び翻訳にも携わる。著書に『耳から突破！HSK 語彙対策１級—４級　フレーズ・例文・実践問題』（共著　朝日出版社）、『HSK6 級　読む聴く覚える 2500』（共著　東方書店）がある。

録音：田芳

HSK5級　読む聴く覚える1300

2022 年 9 月 5 日　初版第 1 刷発行

著　者●田芳・安明姫
発行者●山田真史
発行所●株式会社東方書店
　　　　東京都千代田区神田神保町 1-3　〒 101-0051
　　　　電話 (03) 3294-1001　営業電話 (03) 3937-0300
レイアウト・装幀●森田恭行（キガミッツ）
印刷・製本●モリモト印刷株式会社
音声製作●中録新社

※定価はカバーに表示してあります